前橋学ブックレット ㉒

山王廃寺は放光寺

上毛新聞社

目　次

1.「放光寺」銘瓦の発見

昭和 54 年（1979） 8 月、真夏の炎天下、一片の文字瓦の出土に山王廃寺跡《さんのうはいじあと》の発掘調査現場はどよめいた。塔跡と金堂跡の間で見つかったこの瓦には「放光寺」と判読できる文字が刻まれていたのである。この時、調査に携わる者の頭に浮かんだのは、「辛巳歳《かのとみのとし》」（681）の紀年を有する山ノ上碑《やまのうえひ》と、長元 3 年（1030）の作成とされる『上野国交替実録帳《こうずけのくにこうたいじつろくちょう》』に古代寺院「放光寺」の名が記されており、山王廃寺こそがその放光寺ではないかということであった。

山王廃寺跡は前橋市総社町に所在する県内最古の寺院跡で、周辺には終末期の宝塔山《ほうとうざん》古墳、蛇穴山《じゃけつざん》古墳を擁する総社古墳群があり、南方の元総社町には上野国府跡《こくふあと》や総社神社、南西方向の旧群馬町（高崎市）にかけては上野国分寺跡、上野国分尼寺跡《こくぶんにじあと》が隣接して存在するという上野国の枢要部に位置している。

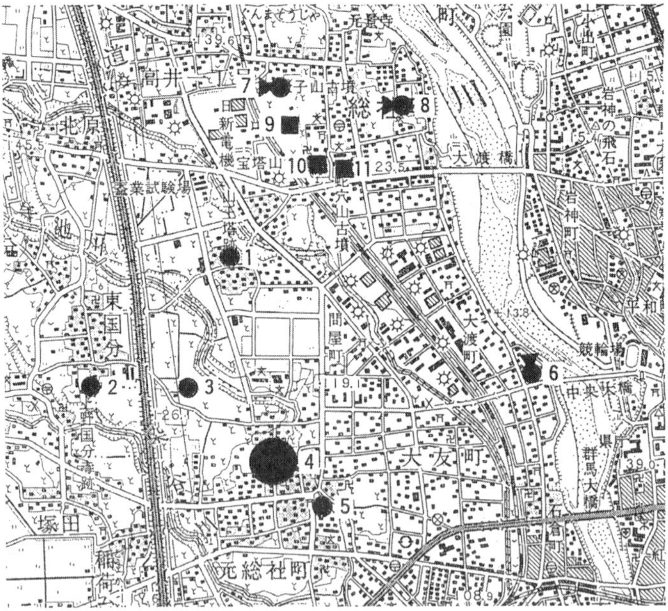

山王廃寺跡と周辺の遺跡（国土地理院作成 5 万分の 1「前橋」使用）

1. 山王廃寺跡
2. 上野国分寺跡
3. 上野国分尼寺跡
4. 推定上野国府跡
5. 総社神社
6. 王山古墳
7. 総社二子山古墳
8. 遠見山古墳
9. 総社愛宕山古墳
10. 宝塔山古墳
11. 蛇穴山古墳

山王廃寺跡の発掘調査は昭和49年（1974）から7次にわたって前橋市教育委員会によって学術調査が実施され、その後も下水道管敷設工事などに伴う緊急調査で多量の塑像《そぞう》片が見つかったことなどから、再び計画的な発掘調査が行われた。それによって、塔跡・金堂跡の遺構の状況や規模が明らかとなり、講堂跡や回廊跡が検出されるなど大きな成果を上げ、遺物も瓦を中心に多数出土し、塔心礎《とうしんそ》、根巻石《ねまきいし》、鴟尾《しび》といった石製品や緑釉水注《りょくゆうみずさし》など内容も豊富である。これらのことから、山王廃寺跡の評価はさらに高まり、平成20年（2008）には史跡《しせき》の追加指定と名称変更が行われ、「史跡山王廃寺跡」となった。

さて、「放光寺」銘瓦の他、木笵《もくはん》によって刻まれた「方光」やヘラ書きで1字の「光」「寺」など放光寺に関連する文字瓦も出土している。「放光寺」と刻まれた平瓦は、凸面に縦方向の縄目痕《なわめこん》のある一枚作りで、胎土は黒緑色の微粒子を含む均質な土でできている。これに対応する軒丸瓦《のきまるがわら》は上野国分寺からも同じ笵型から造られた同笵《どうはん》のものが見つかっている、奈良時代後半以降に生産された修造の時期の瓦である。

一般に、文字瓦の文字は、生産過程の極めて限定された時間、場所で記されるものであり、その意味するところは、瓦の生産形態や需給関係と不可分の関係にあるとみられている。従来、文字瓦については、①瓦の公的な負担体系や私的な寄進を表している、②瓦工名や瓦屋名といった瓦の生産組織を表している、③寺院名などの瓦の供給先を表している、といった指摘がなされている。このうち、③の瓦の供給先を表す例としては、大和川原寺の「川原寺」、筑紫観世音寺《つくしかんぜおんじ》の「観世音寺」、下野国分寺《しもつけこくぶんじ》の「国分寺」、「国分寺瓦」、下野薬師寺《やくしじ》の「薬師寺瓦」、下野大慈寺《だいじじ》の「大慈寺」などが知られている。これらの事例を勘案した場合、この「放光寺」は、瓦の供給先である山王廃寺の寺名が記された可能性が高いものである。

「放光寺」銘瓦（前橋市教育委員会）

ところで、山王廃寺跡では創建

期と推定される瓦には文字がほとんど記されておらず、修造の際に用いられた瓦に文字の記される事例が大部分である。もちろんこれはこの時期の一般的傾向によるものであろうが、この点を「放光寺」に限って、瓦窯の操業形態との関連において推測すると、創建期においてこの瓦窯の供給先は山王廃寺に限定されていたようである。しかし、それ以後になると、上野国分寺など他の寺院にも供給されるようになったので、瓦に供給先の寺名を明示して、混乱を避ける必要が生じたのではないだろうか。

これについては、上野国分寺跡出土で勢多郡を表す「勢」の文字瓦が参考になる。勢多郡の役所の一部と考えられる前橋市の上西原遺跡《かみにしはらいせき》の基壇建物《きだんたてもの》で使用されていた瓦が、上野国分寺へも供給することになったので、勢多郡から上野国分寺へ送られた瓦であることを示すために、同じ製作技法の瓦に「勢」の文字を加えたと理解されている。

上野国関係の古代史料において、放光寺は山ノ上碑と『上野国交替実録帳』との２つの史料に認められるが、これらの史料の間には 300 年以上もの時間の経過があり、果たして同一の寺であるかどうか、即断はできない。しかしながら、山王廃寺は７世紀中頃以降少なくとも11 世紀代までは存続したと考えられ、それは山ノ上碑の建碑から『上野国交替実録帳』記載の放光寺が定額寺《じょうがくじ》の列から除かれた時期までの間にほぼ合致しており、「放光寺」の文字瓦を出土する山王廃寺跡を介在させた場合、両者に見える放光寺は同一の寺を指すものであると考えることが可能となる。

そこで、まず、山ノ上碑と『上野国交替実録帳』に記された放光寺についての内容を確認し、次に山王廃寺の軒丸瓦の検討を通して、山ノ上碑以前に建立されたものであるのか、定額寺の寺格を持った寺院としてふさわしいものであるのか検証し、山王廃寺が放光寺であることを明らかにしていきたい。

2. 山ノ上碑の放光寺

（1）山ノ上碑と佐野三家

①山ノ上碑の碑文

山ノ上古墳と山ノ上碑覆屋

上野三碑の一つ山ノ上碑《やまのうえひ》は、高崎市山名町山神谷の柳沢川がつくった谷に南面する丘陵の頂部を削った場所にあり、長く続く石段を息を切らして上ると、石室の口が開いた山ノ上古墳《やまのうえこふん》に接してその西側、向かって左に存在する。両者は密接な関連をもって造られたとみられている。山ノ上碑は大正10年（1921）に山ノ上古墳とともに「山上碑及古墳《やまのうえひおよびこふん》」という名称で史蹟（史跡）に指定された。これは、多胡碑、金井沢碑とともに群馬県で最初の史跡指定であり、昭和29年（1954）には特別史跡となり、その名称も漢字だけの表記から「山上碑及び古墳」となった。なぜ、この時に「山ノ上碑」というように「ノ」が入らなかったのか疑問であるが、その後も「山ノ上碑」の表記が広く使われた。

かつて、高崎市教育委員会による覆屋建設に先立つ発掘調査で、山ノ上碑は天明3年（1783）の浅間山噴火による浅間山Ａ軽石層の降下以後に、現在の場所に設置されたことがわかった。しかし、輝石安山岩の自然石という重量のある碑石を遠方から移動させて現位置に運び上げたとは考え難く、近くにあった碑を近世以降に動かしたとみるのが妥当である。

山ノ上碑の碑文は、4行にわたって、53文字が刻まれている。高さは112㎝、幅は47㎝、厚みは下方が大きく安定している。当時、前橋市の宝塔山古墳の家形石棺や山王廃寺の塔心柱の根巻石に認められる硬い安山岩を加工する精緻な技法が確立されているにもかかわらず、自然石を用いている。これは後で見るように、古代朝鮮、とくに新羅《しらぎ》の影響が考えられるものである。

山ノ上碑の銘文は次のようである。

辛己歳集月三日記
佐野三家定賜健守命孫黒売刀自此
新川臣児斯多々弥足尼孫大児臣娶生児
長利僧母為記定文也　放光寺僧

これは日本語の語順に従って漢字を配列したものであり、『群馬県史　通史編２』によって読むと、次のようになる。

辛己《かのとみ》（巳）歳《とし》、集（十）月三日記す。佐野三家《さののみやけ》を定め賜える健守命《たけもりのみこと》の孫黒売刀自《くろめとじ》、此の新川臣の児斯多々弥足尼《したたみのすくね》の孫大児臣に娶《とつ》ぎて生める児長利僧、母の為めに記し定むる文也。　放光寺の僧

山ノ上碑は佐野三家の子孫である黒売刀自とその子長利の母子の系譜を述べていて、古系譜研究の史料としても引用される貴重なもので、隣接する山ノ上古墳に葬られた黒売刀自の墓碑として建立されたのである。

山ノ上碑

碑文のうち、「辛己歳」については、己と巳は古代の史料では相互に通用することから辛巳歳のことで、碑文の表記方法や仏教の地方への普及の状況などからみて、天武天皇10年（681）と考えられている。以前は、山ノ上碑と山ノ上古墳の成立をほぼ同時期と考えて、古墳の実年代決定の基準資料とされることが多かったが、現在では造墓と建碑には時間的な差があることがわかってきた。

つまり、考古学的な検討により７世紀の中頃に山ノ上古墳が造営され、その後時期を隔てて碑が建立されたと考えられるようになった。このことから、黒売刀自は実

家の墓である山ノ上古墳に追葬されたものとみられている。
そして、「集月」の集であるが、その音が「十」に通じることから十月と考えられている。また、拾月の「拾」も「ひろい集める」の意で「集」に通じるという考えもあり、十月としてよいであろう。
書き出しの「辛己歳集月三日記」のように「年月日＋記」という日付の記し方は、古くは埼玉稲荷山《さきたまいなりやま》古墳出土の鉄剣銘に例があり、さらに法隆寺献納宝物《けんのうほうもつ》の菩薩半跏像台座銘《ぼさつはんかぞうだいざめい》（666 年）などの 7 世紀後半の金石文に認められるものである。また、同時期の木簡《もっかん》にも記載が見られることから、「辛己（巳）歳」は通説のとおり、681 年と考えるのが妥当であるようだ。

②「佐野三家」

碑文中の「佐野三家」については、大化改新以前に佐野（高崎市）の地に設置された朝廷のミヤケとみられ、『日本書紀』では「屯倉《みやけ》」と表記し、大和王権の直轄領ともいうべきものとされている。古代の出土資料などでは「三家」と記されているものが多く、研究者の一般的な表記では「ミヤケ」とカタカナで書く場合が多い。
県内で知られるミヤケに「緑野屯倉《みどののみやけ》」がある。これは、『日本書紀』の安閑天皇元年の条に、武蔵国造《むさしのくにのみやつこ》の笠原直使主《かさはらのあたいおみ》と同族の小杵《おぎ》が武蔵国造の地位を巡って争ったことが書かれている。小杵は密かに上毛野君《かみつけのきみ》小熊に助けを求めて使主の殺害を謀ったが、それに気づいた使主は本国を逃げ出して大和の大王のもとに走り、事情を説明して援助と裁断を乞うたのである。朝廷では使主の言い分を取り上げ、使主を正式の国造に任命し、小杵を誅伐《ちゅうばつ》した。そこで、使主は朝廷に感謝して、南武蔵を中心とする 4 カ所の屯倉を献上した、というものである。その翌年には、上毛野国内に「緑野屯倉」が置かれたことから、これは紛争に介入した上毛野君氏に対する懲罰とみられ、この勢力を監視する戦略拠点としてミヤケを設置したと考えられている。
山ノ上碑に見える佐野三家も史料上では他に認められないが、こうした流れの中で捉えられるものであろう。また、若狭国《わかさのくに》関係の木簡に「三家」姓が多数認められ、若狭国にミヤケが設置されていた傍証とされていることはよく知られている。上野三碑の一つである金井沢碑にも「三家」姓の人名が刻まれているが、これも佐野三家に関わるものとみられている。
また、「黒売刀自」を健守命の孫とするのは、『群馬県史』で示されたように、この「孫」を実際の孫ではなく、子孫という意味に解すべきである。そして、ミヤケは大化改新で廃止されたはずであるが、尾崎喜左雄《おざききさお》氏は佐野三家ではその名誉を保持して、従前通りミヤケを称し、一種の族称として使用していたものと考えたのである。

「新川臣」「大児臣」については、どちらも旧勢多郡の桐生市新里町に新川、前橋市大胡町に大胡の地名が残っており、町内にはそれぞれ中塚古墳、堀越古墳という山ノ上古墳に後出する類似技法を用いた石室を持つ終末期の古墳がある。このことから、新川、大児を地名とみて、それをウジ名として付近に居住した在地の有力豪族とする尾崎氏の解釈が広く支持を得ていた。しかし、山ノ上碑の他の人名が個人名であることから「新川」「大児」も個人名と見るべきであり、ここで用いられている臣はカバネではなく、宮都などで出土する木簡の事例などから、「斯多々弥足尼」の足尼とともに個人名につける尊称であると考えられるようになった。つまり、新川さん、大児君といったものである。そして、「長利僧」の長利は、寺を統括する僧職としての長吏の音通とみる考えもあるが、系譜上の人名が個人名であることから、これも僧の名と考えられている。

ところで、高崎市の佐野地区から烏川《からすがわ》を挟んで対岸の根小屋方面への行き来には、『万葉集』東歌《あずまうた》に、「上毛野佐野の舟橋取り放し、親はさくれど吾はさかるがへ（巻14､3420）」と詠われたように､両岸を結ぶために舟橋を用いており、河川渡河点という交通の要衝であった。また、その南方の山名を中心とする辺りは、烏川と鏑川《かぶらがわ》の合流地点に緑野郡《みどのぐん》を流れてきた鮎川《あゆがわ》も注ぎ込む複雑な地形であり、しばしば流路の変更があった場所である。

佐野三家の者が墳墓を営むときに、その影響外の地域に造るということは考え難く、山ノ上古墳と山ノ上碑が存在する山名の地域はやはり佐野三家の勢力範囲とみられる。山ノ上古墳が築造された頃はまだ片岡郡は存在せず、その成立以後も佐野三家は依然として強大な勢力を背景に、山ノ上古墳の傍らに山ノ上碑を建立することができたのであろう。そして、通常の墓誌と

佐野の景観

して墓に納めるのではなく、多くの人びとの目に触れるようにして、かつての名誉を誇示し、佐野三家の系譜を広く知らせたとみられるところに、ミヤケの停廃が進められた当時のミヤケを取り巻くさまざまな状況も読み取ることができるであろう。

③墓碑としての山ノ上碑

山ノ上碑に書かれた系譜は、黒売刀自、長利親子の関係を述べたもので、古代史や古系譜を研究されている東野《とうの》治之氏や義江《よしえ》明子氏などによってこれまで検討が加えられてきた。その記載の仕方は、記紀以前の古い系譜などの記録と同じで、長利の父方と母方をたどった両属系譜の性格を備えているが、それぞれの始まりからの族長位継承を示す一系系譜であるという両者の組み合わせによる系譜である。山ノ上碑の碑文は古系譜を記しているが、上から順に読んで理解できる完全な和文である。これを上野国の地方性からきているのではなく、平城京跡の長屋王邸出土木簡に和文を漢字表記したものがしばしば見られることから、８世紀初頭の中央においても、このような文章が綴られていたことがわかり、日常的に広くこうした文体による表現が行われていたとみられている。

山ノ上碑の書には、天武朝頃のものとは思われないほど、古風な様式が残されているという。東野氏によると、たとえば「孫」の字について、三角形を二つ積み重ねたような「糸」の形は、隷書で書かれた漢代の木簡や隷法の残る宋の劉懐民墓誌などにも見られ、隷書の筆法からきているという。山ノ上碑の書風に近い金石文などを挙げると、石上神宮の七支刀《しちしとう》銘や江田船山古墳出土の大刀銘、埼玉稲荷山古墳出土の鉄剣銘があり、４、５世紀の製作と考えられるもので、書風は七支刀が篆書的である他は、隷書・楷書の中間的な書である。

東野氏は７世紀後半の日本の書について、中国南北朝頃の古い様式を持つものが大部分であり、山ノ上碑の書はその中でも特に古い特色を備えたものという。４、５世紀の金石文に見える古い書風は中国の漢や魏の頃の書風が朝鮮半島を経て伝えられた結果と考えられ、７世紀後半の畿内周辺の金石文などではほとんど見られなくなってしまう。上毛野地域にはかなり早く、古い書風で文字を書く技術が伝えられ、それが７世紀後半まで守られてきたと解すことができるという。このような技術は、窯業生産や絹織物等の技術と一緒に渡来人によって早く伝えられ、それが７世紀後半まで受け継がれてきたと考えることもできるであろう。

次に、山ノ上碑の形態について、自然石を用いた碑は、中国では例を見ないが、古代朝鮮では統一新羅時代に至るまで多くの例がある。主なものとしては、新羅真興王《しんこうおう》の巡狩碑の中の昌寧碑や南山新城碑などがあり、山ノ上碑や金井沢碑の形態もこのような朝鮮、特に新羅の古碑に起源が求められ、東アジアの中での文化の交流を認めることができる。

ところで、山ノ上古墳と山ノ上碑との関係を考える上で参考になるのが、高句麗《こうくり》の好太王碑《こうたいおうひ》である。中国の東北部、現在の遼寧省桓仁《かんじん》付近で建国された高句麗は、王都を鴨緑江流域の吉林省集安《しゅうあん》に遷し、第 19 代好太王（広開土王）の時（在位 391 ～ 412 年）に遼東地方から朝鮮半島中部にまで領土を拡大し、全盛期を迎えた。その子、長寿王が 414 年に好太王の偉業を顕彰するために碑を建てたのである。その後、現在の平壌に遷都した。平成 19 年（2007）に右島和夫氏らと高句麗遺跡を巡ったことがある。好太王碑のある集安には太王陵《だいおうりょう》や将軍塚、千秋塚《せんしゅうづか》など高句麗を代表する見事な王族・貴族の陵墓があり、国都の平地城としての国内城と山城の丸都山城《がんとさんじょう》が存在していた。これらは初期の国都桓仁にある山城の五女山城と、平壌にある中・後期の壁画古墳である王族・貴族の陵墓群とともに、2004 年に世界文化遺産に登録された。

好太王碑は高さ約 6.3 m、幅 1.5 m前後の柱状の石碑で、４面に碑文が刻まれている。その内容は大きく３つの部分からなり、まず始祖王の誕生から好太王の登場、そして死に至るまでを述べた部分、次に本論である好太王の事績の対外遠征活動を年次別に述べた部分、そして墓守に対する規定の部分である。

好太王碑は集安の中心部から東北方向約４㎞にあり、太王陵とセットになった墓碑と考えられている。これまで好太王の陵については、古墳出土瓦の年代観などから太王陵か将軍塚との見方がされてきた。太王陵は、禹山南麓の台地上に位置し、北東 200 mに好太王碑がある。これに対して、将軍塚は集安市を眺望できる岡の上に築かれ、好太王碑まで約 1600 mの距離があり、やや離れ過ぎの感があった。将軍塚は積石塚《つみいしづか》であり、まるでピラミッドのような威容がある構造物で、日本でいう積石塚とは全く別物である。

好太王碑の前で

好太王碑と太王陵

中国では世界文化遺産登録を目指して分布調査や発掘調査を行い、多くの墳墓の内容が明らかになってきた。これらの調査で、太王陵から「辛卯年　好大王　□造鈴九十六」の銘文が刻まれた銅鈴が出土し、好太王が辛卯年（391 年）に造った 96 番目の鈴という意味とみられ、これによって太王陵こそが好太王陵であると考えられるようになった。

ところで、以前は密集した住宅地に好太王碑と太王陵は埋没していたが、世界文化遺産登録に伴い、周辺の民家をすべて移転させてしまったのには驚かされた。それによって、遮るものがなくなると参道で通じる両者が近接して配置されていることが実感でき、好太王碑は太王陵の墓碑であることが改めて認識された。このような古墳とその墓碑という関係が、山ノ上古墳と山ノ上碑との間にも認められるのである。

これに関して、上野国内にも新羅人が定住していたことがわかる史料として、奈良時代の正史である『続日本紀《しょくにほんぎ》』の天平神護 2 年（766）5 月条に新羅人の子午足らに対する賜姓記事がある。また、正倉院宝物の庸布《ようふ》墨書銘にも多胡郡に新羅系の氏族である秦人《はたひと》（部）がいたことが記されており、後述するように、でえせえじ遺跡出土の複弁蓮華文《ふくべんれんげもん》の軒丸瓦は新羅系の文様である。このように、山ノ上碑はそれらの人々がもたらした文化の影響を具体的に示しているのである。

（2）山ノ上古墳とでえせえじ遺跡

①山ノ上古墳の石室

山ノ上碑に隣接してある山ノ上古墳は、山ノ上碑とともに国の特別史跡に指定されていることは前述した。この古墳の石室は、当時、飛鳥で始まった切石積《きりいしづみ》の石室をいち早く採用したものであり、いわゆる截石切組積《きりいしきりくみづみ》と呼ばれる群馬県特有の石材加工と積み方をした横穴式石室《よこあなしきせきしつ》を群馬県内で最初に採用した古墳である。これは、その形状が鋭利な刃物で絶ち截ったようであることと積み上げた石材相互の角をＬ字状にかき取って組み合わせる精巧なものである。

山名古墳群の中には、鏑川対岸に所在する６世紀末頃に築造された藤岡市の伊勢塚古墳の石室に認められるような模様積《もようづみ》を取り入れた山名原口Ⅱ遺跡２号墳もあり、その関連が認められる。また、山名原口Ⅰ遺跡１号墳のように截石が用いられているものもある。右島和夫氏は山ノ上古墳は丘陵上にあり、同時期の集落や山名古墳群がある平地部からは離れて存在し、生活域、生産域、一般墓域から隔絶した地に意図的に墓地を選定している可能性が強く、大和盆地の終末期の有力古墳に見られる占地形態に連なるものとみている。

さて、山ノ上古墳の傍らにある山ノ上碑は、辛巳歳（681）に建てられた墓碑と考えられ、古墳築造年代の基準となる稀有な資料とされてきた。ところが、その後の研究で、山ノ上古墳と山ノ上碑を同時期のものとみるのではなく、古墳の方が先行して造られたと考えられるようになった。右島氏は、截石切組積石室を持つ山ノ上古墳を、その周辺に存在する前代の古墳の石室に見られる構築技術の系譜を引くものとみるよりも、他地域からの新たな構築技術の導入と捉え、大和の岩屋山古墳が築造されたと推定される７世紀中葉以降に山ノ上古墳は造られたと理解したのである。

それでは、このような截石切組積石室が上野地域において最初に山ノ上古墳で採用されたのはなぜなのか。前橋市の愛宕山《あたごやま》古墳や宝塔山《ほうとうざん》古墳、蛇穴山《じゃけつざん》古墳は前方後円墳から唯一継続して造られた総社古墳群の大型方墳であり、家形《いえがた》石棺《せっかん》や漆喰《しっくい》などを有するという特徴は、通常、大和政権内部の有力者層の古墳を中心に認められるものである。このことは、上毛野氏に関わる氏族との見方もある総社古墳群の勢力が、上野地域の頂点に立つことを大和政権が承認した

山ノ上古墳の保存修理時（左）と玄室内（右）（高崎市教育委員会）

ものと考えられている。それにもかかわらず、山ノ上古墳に最初に畿内の先進的な技術が注ぎ込まれていることは、それを築造した勢力と大和政権が直接的なつながりをもっていたことを物語っている。そして、その時期は愛宕山古墳の造営が終了した後のことであり、山ノ上古墳を範とした截石切組積石室は県の西部から中央部に広がっていったのである。この時期に山名の地に山ノ上古墳を造り得た、総社古墳群に匹敵するような勢力こそが、いわゆる佐野三家であったのではないだろうか。

高崎市の石原稲荷山古墳は、７世紀末に造られた２段築成で凝灰岩の切石積両袖型石室《りょうそでがたせきしつ》を持つ直径30ｍの大型円墳で、この石室からさまざまな遺物と一緒に銅鋺が出土した。また、高崎市の大型前方後円墳である観音山古墳と観音塚古墳の出土遺物にも仏教的要素を認めることができる。観音山古墳からは仏器である銅製水瓶《すいびょう》が、観音塚古墳では銅製承台付蓋鋺《うけだいつきふたわん》と銅鋺が出土しており、観音塚古墳で見られる透かし彫りなどの金工品には、法隆寺などの飛鳥文化の特色を色濃く認めることができるのである。

さらに、前橋市の宝塔山古墳の家形石棺の脚部には仏具の台座などに見られる格狭間《こうざま》が彫り出されていて、県外でも奈良県水泥南古墳の家形石棺の蓋の突起部に６弁の蓮華文が彫り込まれており、大阪府御嶺山古墳の棺台の四面に格狭間を浮き彫りで飾っている。このように、古墳に仏教的色彩を持つ遺物が副葬されていることが、すぐに仏教の受容とその普及を示すものとは言えないが、当時の社会状況を知る上で注目される。

さて、『日本書紀』の崇峻天皇元年（588）、蘇我氏によって現在の奈良県明日香村に日本で最初の寺院である飛鳥寺の造立が始められた。これには百済からやって来た僧、寺工、瓦博士など多くの人々が関わり、18年もの歳月をかけて完成した。その後、推古天皇32年（624）には46カ寺、白鳳期《はくほうき》の持統天皇６年（692）には545もの寺院が造られていたという。これは、考古学的にも裏付けされている。

宝塔山古墳石棺の格狭間（前橋市教育委員会）

このように多く

の寺院が古墳に代わって建立されたのは、僧や寺院が持つ性格によるところが大きいようである。当時の僧には、読み書きはもちろんのこと、医術・算暦・工芸・土木技術などの能力が求められていた。これは、奈良時代の初めに、能力の高い僧を還俗させて、国家体制に組み込もうとした記事が多く見られることからも知られる。また、僧行基《ぎょうき》が行った架橋や土木工事などもそのような技術、能力の現れであった。さらに、寺院は、現在のような葬式・墓参りといった場所ではなく、学問修養の場であり、総合的な社会・文化施設として、時には病院の役割を果たしたりしていたのである。このことは、律令国家において事務能力を有する下級官人の養成の必要と結びついて、地方における寺院建立を推進したとみられている。

本県においても、７世紀中葉以降に前橋市の山王廃寺や伊勢崎市の上植木《かみうえき》廃寺、太田市の寺井廃寺などの内容の充実した寺院が造られた。中央の既存の寺院との密接な関連のもとに、地域の有力豪族によって建立されたものとみられる。この後、８世紀も半ばを過ぎた頃に上野国分寺の造営も進められ、律令政治における地方の一つの拠点として、仏教活動を展開していくのである。

②でえせえじ遺跡の瓦

でえせえじ遺跡は山ノ上古墳の西方約 300 mの南傾斜地にあり、昭和 23 年（1948）に地元の小学生が軒丸瓦の破片を見つけたことによってその存在が知られるようになった。その後も軒丸瓦、平瓦などが採集され、１年後に地元小学校教諭の井上清氏が１年前に教え子が発見した軒丸瓦の欠失した半分を見つけてほぼ完全な形に復元が成るという出来事もあった。「でえせえじ」の名から寺院跡との見方がされているが、地形からは窯跡の可能性も指摘されている。

でえせえじ遺跡で見つかった軒丸瓦は、山王廃寺跡出土のものに類似した複弁で７弁の蓮華文がデザインされ、弁の端は尖り、中房が小さいため弁が細長くて、子葉は短く、間弁の反りはしっかりと表現されていて写実的である。中房には不揃いな蓮子が中心のものの周りに４つ、その外側に８つ配置されている。外縁は素文で、側面には丸瓦接続時に施されたとみられる平行の叩きが認められる。これと同じ文様の軒丸瓦は、高崎市の田端遺跡、馬庭東遺跡、藤岡市の水窪遺跡で見つかっており、いずれも同一の笵型《はんがた》で製作されたことが確認でき、７世紀後半に造られたとみられている。

田端遺跡はでえせえじ遺跡の東約 2.5㎞にあり、上越新幹線の建設に先立って調査された集落遺跡で、近接した寺院跡の存在も指摘された。馬庭東遺跡では、退化傾向のみられる複弁蓮華文の軒丸瓦が知られていて、多胡郡に関係した寺院跡とみられていたが、それより一段階古い様相を持つでえせえじと同笵の軒丸瓦が出土した。このことから、その創建の時期が多胡郡建郡以前の７世紀代にさかのぼることが明らかになった。馬庭の地は鏑川左岸で山名の西方にあり、でえせえじ遺跡のある丘陵のすぐ南に位置している。水窪遺跡はでえせえじ遺跡の東南約４㎞の藤岡台地上にあり、三重弧文軒平瓦も出土しているが、発掘調査がなされていないため、詳しい状況は明らかではない。このように、でえせえじ遺跡、田端遺跡、馬庭東遺跡、水窪遺跡は、半径 2.5㎞の円内に収まる距離にあり、７世紀後半において同笵《どうはん》の軒丸瓦を共有する一つの文化圏を形成しているのである。

さて、山王廃寺は山ノ上古墳よりも後に築造された前橋市総社町の宝塔山古墳や蛇穴山古墳と並行して造られた県内最古の寺院跡である。創建期の複弁の軒丸瓦には８弁と７弁の２種類があり、８弁のものが７弁に先行するとみられている。７弁のものは前述のでえせえじ遺跡出土のものより蓮弁の端部の幅が広く、ふっくらした感じに仕上がっている。これらは安中市の秋間古窯跡群で作られたもので、かつての碓氷郡で生産された瓦が直線距離で 20㎞離れた群馬郡の山王廃寺に供給されていたのである。

でえせえじ遺跡の複弁七弁蓮華文軒丸瓦は新羅系の瓦とみられ、７世紀後半の半世紀の間に局部的な現象として展開し、産地と分布圏が多胡郡を中心に認められているので、新羅系の渡来人との関連が想定されている。これは前述したように『続日本紀』の天平神護２年（766）に見える新羅人子午足らが吉井連《むらじ》を賜った記事などを踏まえ、山ノ上碑・金井沢碑が自然石を使用し、新羅の碑に系譜を求めることができることとも符合しており、この地域に新羅文化の

でえせえじ遺跡（左：高崎市教育委員会）、馬庭東遺跡（右：個人蔵）の同笵軒丸瓦

影響が色濃く認められ、多くの新羅系渡来人が居住していたものと考えられる。そして、この新羅系の複弁の軒丸瓦に類似するものは飛鳥地域からも出土しているのである。

このように、上毛野で展開した複弁の軒丸瓦は、大和において川原寺系のものとは系譜を異にする飛鳥池遺跡などと類似した文様意匠と技法が認められる。このことは、新羅系渡来人との関わりだけではなく、大和の技術が、上宮王家や蘇我氏によって直接的に上毛野にもたらされた可能性も想定される。

山王廃寺を建立したのは総社古墳群を造営した氏族とみられているが、7世紀第2四半期から後半にかけて築造された愛宕山古墳・宝塔山古墳・蛇穴山古墳などの大型方墳には、後述するように大和勢力に直結した影響が認められる。このことは、地方豪族が独自の文化を展開させつつも積極的に中央との関わりを求め、新しい文化の吸収を進めていたことがうかがわれる。

(3) 山部郷と法隆寺

高崎市山名町周辺は古代に山部郷《やまべごう》と呼ばれていた時期があった。山部郷の範囲は観音山丘陵の南端、烏川と鏑川の合流する場所にある。多胡郡に編入された山部郷が属していた片岡郡は、烏川の右岸に沿って丘陵になった狭長な地形からきた名と考えられる。

ところで、奈良県王寺町から香芝市一帯にかけては、片岡山と呼ばれる丘陵が続いていて、聖徳太子の片岡山飢人説話や片岡王女の存在など上宮王家との関連が認められる地名である。また、『法隆寺観音菩薩造像記』に片岡王寺、『法隆寺伽藍縁起并流記資財帳《ほうりゅうじがらんえんぎならびにるきしざいちょう》』(以下、『資財帳』という)に片岡僧寺の名が認められる。さらに、山ノ上碑の放光寺と同じ寺名の片岡山放光寺(現在は黄檗宗の寺院)が存在するのには驚かされる。片岡郡山部郷も、大和の片岡とのつながりが想定されるのである。

さて、法隆寺の基本資料である『資財帳』によると、奈良時代の天平10年(738)に多胡郡山部郷の他に、播磨国揖保郡《いぼぐん》林田郷(現、兵庫県姫路市)、但馬国朝来郡枚田郷《あさこぐんひらたごう》(現、兵庫県朝来市)、相模国足下郡倭戸郷《やまとごう》(現、神奈川県小田原市)の三郷が法隆寺に食封《じきふ》として施入されたことがわかる。食封というのは、朝廷が皇族や寺社などに与えたもので、一定地域の住民が米や特産品などの税を封主(この場合は法隆寺)に納めたのである。

平成29年(2017)7月に「食封の縁を歴史・文化資産を活用した交流につな

片岡山放光寺（奈良県王寺町）

げ」ていこうという魅力的な会である「法隆寺食封サミット」が奈良県斑鳩町で開催された。かつて食封となり法隆寺を支えた各郷の高崎市、姫路市、朝来市、小田原市の４市と法隆寺の地元の斑鳩町が参加した。林田郷の南方の揖保郡太子町には、千年にわたり法隆寺を経済的に支えてきた荘園「鵤荘《いかるがのしょう》」があり、聖徳太子創建と伝わる斑鳩寺が存在している。また、枚田郷の地は旧和田山町で、近くには「天空の城」として知られるようになった竹田城跡もある。法隆寺食封の故地を巡ってみるのも楽しい。

多胡郡山部郷には、山部を名乗る氏族が多く居住していたと考えられる。同じ多胡郡の八田郷には八田部《やたべ》の存在が上野国分寺跡出土の文字瓦「八田甲斐万呂」などから裏付けられる。そもそも、山部というのは、朝廷の山林を管理する部で、中央の山部連《やまべのむらじ》が地方の山部などを統括し、聖徳太子一族は山部連氏を自己の管理下に置いたとみられている。

また、法隆寺と山部連氏との密接な関係を示すものに、法隆寺伝来の７～８世紀の幡《ばん》（旗）がある。これには、法隆寺に近接する地域にいた山部連氏が納めたことを示す墨書が多数認められ、彼らが法隆寺を支えた豪族の一つであることがわかった。多胡郡山部郷に法隆寺の食封が設定された背景には、上野国においても山部氏と法隆寺との関係が反映していると考えられる。

山部郷の地域には現在、山名町に隣接して木部の地名が残っており、かつての山部郷に山部とともに木部も存在していたと想定される。木部というのは山部と同様に山林・木材に関わった人々とみられている。山部は木材の調達や大量の薪を燃料とする造瓦活動にも従事し、これに木部が関わっていたことも推測できる。でえせえじ遺跡の複弁七弁蓮華文軒丸瓦の存在や寺尾や乗附といった観音山丘陵の窯業生産との関わりが注目される。

山ノ上碑に刻まれた寺名と同じ「放光寺」の銘の文字瓦が出土した前橋市総社町の山王廃寺跡からは、下水道管埋設工事によって、多量の塑像《そぞう》片が埋納さ

山王廃寺跡出土の塑像頭部
（左：高崎市教育委員会、右：前橋市教育委員会）

れたような状態で見つかった。これらの塑像については、松田誠一郎氏らによって解明され、塑像片は火を受けていて、その種類には如来・菩薩・神将・羅漢などの人物像や猪・駱駝《らくだ》の動物像、器物、雲、山岳・磯形などがあり、これら塑像は仏教的な主題に基づいた山岳表現を伴う群像であることがわかった。

ところで、塑像の形式と作風について、唐のよろいの形式を受け入れて奈良時代に出来上がった天平甲制と呼ばれる基本的なよろいの形式を採用していることなどを明らかにし、山王廃寺塑像の製作は当地で行われ、中央の法隆寺や薬師寺の塔本塑像と比べても、全く遜色のない優れたものであり、その高い製作水準から作者は中央から派遣された官営工房系の仏工と考えた。そして、造像には中央における造形・技法の展開がほぼリアルタイムで反映されていて、その製作年代は 730 年前後との見方が示された。山部郷を通して、法隆寺の技術が白鳳期から天平期にかけて総社の地へ伝えられたのであろう。しかし、白鳳期の寺院跡出土の塑像の状況を見るに、山王廃寺跡出土の塑像が白鳳期製作のものである可能性についても引き続き探っていくことも必要であろう。なお、山王廃寺跡出土の塑像群は平成 29 年（2017）に群馬県重要文化財に指定された。

このように、高崎市の佐野にその所在が想定されていた山ノ上碑に見える放光寺は、実は前橋市総社町の山王廃寺である可能性が高まった。加えて、山ノ上古墳に初めて採用された大和の切石積石室の技術が、総社古墳群の宝塔山・

蛇穴山両古墳で完成されたのである。また、尾崎喜左雄氏の指摘のように山王廃寺の根巻石に見られるシャープな石材加工と宝塔山古墳の石棺の格狭間、山王廃寺の塔心礎のふっくらした仕上げと蛇穴山古墳の石室、という寺院と終末期古墳が密接な関連をもって造営された。

そして、高崎市の観音山古墳や観音塚古墳出土の金属製品は法隆寺などの仏教文化の影響を強く受けたものである。これらの遺跡は、県外の考古学ファンの来訪も多い。今後、高崎市が「法隆寺食封サミット」の中心的役割を担うことで、「世界の記憶」上野三碑とともに全国に発信していく大きなチャンスとなり、前橋市と高崎市の積極的な連携も望まれるところである。

3.『上野国交替実録帳』の放光寺

(1) 定額寺の性格

『上野国交替実録帳《こうずけのこくこうたいじつろくちょう》』は上野国司交替の際の引き継ぎ文書である不与解由状《ふよのげゆじょう》の草案で、九条家本『延喜式』の紙背《しはい》文書として知られている。その定額寺《じょうがくじ》について書かれた項目に放光寺《ほうこうじ》についての記載があり、「件寺、氏人の申請により定額寺となさず」と記されている。

定額寺については、『続日本紀《しょくにほんぎ》』天平勝宝元年（749）7月13日の諸寺の墾田を制限した記事に、「定諸寺の墾田地を限る。大安・薬師・興福・大倭国法華寺・諸国分金光明寺（国分寺のこと）は寺別に千町。大倭国の国分金光明寺（東大寺のこと）は四千町。元興寺は二千町。弘福・法隆・四天王・崇福・新薬師・建興・下野薬師寺・筑紫観世音寺は寺別に五百町。諸国法華寺（国分尼寺のこと）は寺別に四百町。自余の定額寺は寺別に百町。」とあるのが初見で、この他の定額寺に関する史料は、そのほとんどが平安時代のものである。これまでの研究によれば、定額寺とは「定額」の字義から、

①国家から一定の数を限って格付けされた寺院

②国家から一定額の経済上の補助を受けた寺院

③国家から公に寺号を定められ、その寺額を授与された寺院

などの考えが示されている。そして、奈良時代から平安時代にかけて定額寺も変質してきたため、その性格を一様に捉えることは容易ではないが、固有の属性として次の2点が挙げられる。

①国家が寺院に与えた寺格の一つであること。

②国家から経済的な優遇措置を受ける反面、資財帳《しざいちょう》を通して一定の管理のもとに置かれていたこと。

このうち、①については、前掲の寺院の墾田を制限した記事や、次の『延喜式』玄蕃寮に見られる燈分稲の規定に、「凡諸寺燈油、大寺《たいじ》用は寺物をあて、ただし、東西寺用官家功徳分封物。其諸国国分二寺并諸定額寺は別に稲一千束以下五百束以上を出挙し、息利もってこれを買用う」とあり、大寺、国分寺に次ぐもう一つの寺格として認められたものである。

次に、②については百町の墾田所有を認められ、中には燈分稲の施入を受けるものもあったが、その反面、定額寺資財帳を通して国家から一定の規制を受けていたのである。定額寺資財帳については前澤和之氏らの研究があり、それ

によりつつ検討を加えてみよう。

まず、定額寺資財帳とはいかなるものであるか、現在知られている当該期のものとしては、『平安遺文』に採られている「安祥寺伽藍縁起資財帳」、「広隆寺資財帳」「観心寺縁起資財帳」などがある。そもそも、資財帳は寺院の財物を管理するためのもので、霊亀２年（716）５月には乱立している寺院を併合させ、檀越《だんおつ》の恣意に対して国家が国司を介して、その財物、田園に一定の統制を加えるために、それらを記録し報告させたことに始まる。定額寺については、延暦 15 年（796）３月に国司が三綱《さんごう》、檀越《だんおつ》とともに資財を管理することによって、定額寺に対する監督が強化されたことが知られる。そして、延暦 17 年正月には、朝集使に附して毎年、太政官へ進上されていた定額寺資財帳が、国分二寺を除いて停止されることになった。

ところが、毎年進上することを停止した資財帳が、天長２年 (825) には不与解由状の真偽を判断する必要から「六年一申」つまり、６年に１回提出することに改められ、さらに、貞観 10 年（868）に国司の任期の短縮に合わせて「四年一申」４年に１回の提出に変更されたことがわかる。

これらのことと、天長元年９月に勘解由使《かげゆし》が再設されたこととを考え合わせれば、定額寺資財帳は国司交替制度と関わりをもって作成されており、特に天長２年以降には不与解由状の勘判の根拠となるものとして密接不可分なものとなっていったのである。ただ、国司の任期が４年に短縮されたのは承和２年（835）７月のことであり、資財帳の進上が４年ごとに変更になった貞観 10 年に先立つこと 33 年である。貞観年間において定額寺制の再編成が行われ、資財帳は主として、国司を監察するのに

『上野国交替実録帳』定額寺項放光寺の部分
（延喜式_16 巻　裏（部分）東京国立博物館
Image:TNMImage Archives）

用いられたとの考えもある。このように、定額寺の管理、運営に国司が関与するようになるのは、延暦 24 年（805）正月の禁令に見られるように、定額寺の田園を私物化した畿内とその周辺の地方豪族による王臣勢家への土地寄進や、売買が行われるようになったためである。この禁令に続いて、大同元年（806）8月には、寺院の財物をほしいままにして、生活の用としている檀越に対して、その行為を禁じている。

しかし、延暦年間を中心として禁令を主とする法令が集中しているのは定額寺制度にこの頃から何らかの変動が起こってきたからであり、定額寺対策がその所領に関するもの以外に見あたらないことは政府の関心の所在を示している。しかしながら、延暦年間の禁令にもかかわらず、史料上に見られる定額寺がほとんどないのはどうしたことだろうか。延暦期頃に制度として定額寺が確立したとすれば、史料上の制約があったとしても、もう少し多くの寺名が知られてもよいのではないか。この点に、「その数限りあり」とされた意味があるようで、畿内とその周辺の限られた寺院だけのものだったのかもしれない。

これらの史料からも明らかなように、定額寺の管理、運営には国司が深く関与していた。つまり、国分寺が国司の管轄下に置かれていたことはよく知られているところであるが、地方の有力寺院たる定額寺もまた、同様の性格を持っていたのである。

(2)『上野国交替実録帳』定額寺項の検討

さて、『上野国交替実録帳』の定額寺項は「国分二寺諸定額寺仏像経論資財雑具堂塔雑舎并府院諸郡官舎破損無実事」という大項目の中の１小項目で、金光明寺《こんこうみょうじ》項に続くものである。放光寺《ほうこうじ》、法林寺《ほうりんじ》、弘輪寺《こうりんじ》、慈広寺《じこうじ》という４つの定額寺について、それぞれ堂塔の規模や仏物の員数などが記されている。ただし、本史料は不与解由状の草案であるから、これらは無実（既に無くなったもの）、破損の記載であり、現存しているものについては触れられていない。また、その末尾は切断されており、上野国内の定額寺はこの４カ寺だけであったかどうか明らかではないが、本史料が地方定額寺の実態を具体的に伝える極めて少ない史料の一つであることは明らかである。

さて、４カ寺のうち最初に示されているのが放光寺であり、次のように記されている。

放光寺
　件寺、依氏人申請不為定額寺、仍除放已了者、

これによって、氏人自らの意志で定額寺の寺格が放棄された事実のあったことがわかる。このことは、当時の定額寺のあり方を考える際に注意を要する点であり、そこには放光寺に関わる檀越の性格、さらには定額寺制度の根幹に関わる問題を含んでいる。つまり、定額寺にはどのような手続きを経て成ったのか。また、申請をすることによって定額寺から除かれることができるのか。そして、放光寺はいつ定額寺となり、この記載に見られるようにその寺格を除かれたのはいつなのか、といった疑問が起こって来る。

さらに、既に定額寺でなくなったにもかかわらず、なおその名称が記されているところに、定額寺の持つ特質、あるいは不与解由状の記載事項の特色の一端を示しているともみられる。

『上野国交替実録帳』に記された定額寺の各堂塔について、放光寺を除く他の３カ寺、法林寺・弘輪寺・慈広寺の内容を見てみると、各寺院で記載の順序が異なっているものがある。それは、本項は定額寺資財帳を基に書かれたものであるためであり、無実《むじつ》・破損《はそん》のものについて、そのまま写している。つまり、不与解由状の真偽を判断する際に、資財帳と記載順序が統一されていなければ、

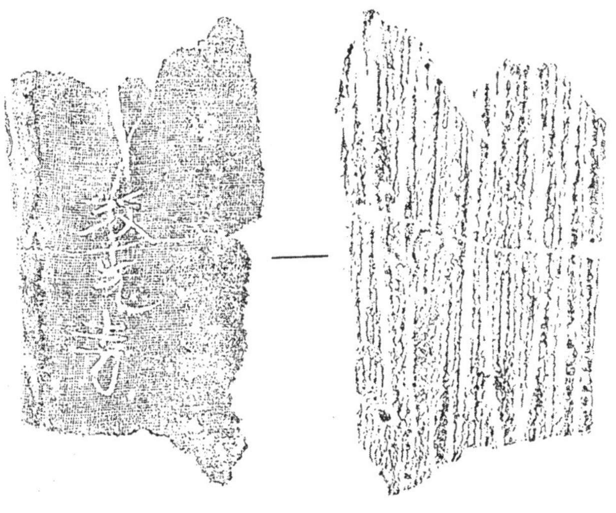

「放光寺」銘瓦の拓本（左：凹面、右：凸面）

一条一条読み合わせる作業に支障をきたすであろうからだ。そこで、各寺院についての比較を行っていくが、当然のことながら、無実、破損の列記であるため項目によっては空欄となっている。つまり、記載がないということは当時、一応存在していたか、もともと存在しなかったものと考えられるのである。この３カ寺について検討することによって、放光寺の実態に迫ることができると考える。

［**金堂**］　法林寺の金堂《こんどう》は小規模なもので、桁行《けたゆき》6.51 m、梁間《はりま》6.6 mである。天延３年（975）に大風によって転倒したことが記されている。弘輪寺には金堂の記載はないことから、存続していたと考えられる。慈広寺の大堂というのは金堂と同様に考えてよいもので、落雷や失火などによる火災によって焼失している。法林寺の金堂は平安時代後期から鎌倉時代にかけて建立された、身舎が１間の堂と同じような建物と考えられ、いわゆる七堂伽藍を備えた寺院としてはふさわしくないように思われる。これは、創建時の金堂が倒壊あるいは焼亡したため再建したものの可能性がある。慈広寺の仏像の中に新薬師如来が焼亡したことが記されているが、大堂の焼亡と合わせて考えると、この新薬師如来は大堂に安置されていた可能性がある。また、法林寺には仏像についての記載がないことから現存していて、どこかに安置されていたとみられ、その数も１体や２体ではなかろう。このように仏像の安置の場ということを考えると、法林寺は講堂も既にないのである。それではいったい仏像はどこに置かれていたのだろうか。

そこでもう一度、法林寺金堂の規模を見てみると、「長二丈一尺七寸　広二丈二尺」であり、桁行と梁間とがほとんど等しく、平面正方形に近い。これに類似した規模を持つ建物を定額寺項の中で求めてみると、弘輪寺に１辺が２丈４尺の多宝塔のことが記されている。これに関連して、弘輪寺の萱葺碓屋は「四方各一丈三尺」とあるにもかかわらず、続けて「広一丈二尺」と書かれている。平面正方形をうかがわせる「四方各」と記されていながら、わずかな誤差を示している例もあることが参考となろう。『上野国交替実録帳』の基本的な性格からして、無実となっているものの規模などの数値が誤っている場合があっても、建物を書き間違えるようなことは考えにくいが、法林寺の金堂の記載は実は塔の誤りではないかとの推測もできる。そうだとすれば、金堂は別に存在していることになり、仏像の無実、破損の記載がないことも十分納得できるのである。

［塔］　法林寺、慈広寺には塔の記載はなく、弘輪寺の塔は１辺7.2 mの多宝塔で、国分寺などの七重塔、五重塔とはだいぶ様相を異にしている。そもそも多宝塔の名は、法華経の見宝塔品からきているのであり、もともと塔の形式を指してはいない。上野国では弘仁８年（817）に最澄が東国伝道にやって来ており、全国６カ所に計画した宝塔の一つは緑野郡に建てられ、そこに法華経を安置したのである。多宝塔を備えた定額寺は、金剛峯寺や神護寺、貞観寺、石山寺などがあり、平安時代の畿内とその周辺で主に見られるようである。また、本県で出土の多い瓦塔と、塔の小型化という点で何らかの関わりが考えられる。

山王廃寺塔跡に建つ日枝神社

［講堂］　法林寺の講堂は萱葺《かやぶき》であったが、長徳元年（995）に野火によって焼失してしまった。堂塔の表記で「萱葺」あるいは「板葺」という表現がいくつか見られるが、このように書かれていないものは瓦葺と考えてよいであろう。慈広寺の講堂は桁行の部分が記されておらず不明であるが、梁間の規模が２丈５尺（約7.5 m）であることからして桁行は３丈（約９m）から４丈（約12 m）くらいと推定される。弘輪寺には講堂の記載はないことから存続していたものとみられる。講堂は経を講ずる場所であり、寺院内の大衆が集う場であるから、古いものでは金堂より大きく、細長いが、国分寺では同じ大きさや小さいものもある。

［経蔵］　法林寺には経蔵《きょうぞう》、弘輪寺には法蔵《ほうぞう》と記されているが、どちらも経典を収納する建物である。経蔵（経楼）は鐘堂《しょうどう》（鐘楼）と同様の楼造りで、２階に経典を納めたのである。定額寺の経蔵については大同４年（809）正月に

令天下諸国。為名神写大般若経一部。奉読供養。安置国分寺。若无国分寺者。於定額寺。

『上野国交替実録帳』定額寺項および金光明寺項の記載内容

	法林寺	弘輪寺	慈広寺	金光明寺
金堂	一宇　無 天延3年大風顚倒 21.7 × 22 × 12 (6.51 × 6.6 × 3.6)		大堂一宇(立戸五具)焼亡 60 × 45 × ? (18 × 13.5 × ?)	
塔		二重多宝塔一宇　無 24 × 24 × 11 (7.2 × 7.2 × 3.3)		
講堂	萱葺一宇　無 長徳元年野火焼亡 50 × 40 × 16 (15 × 12 × 4.8)		一宇　無 ? × 25 × 5 (? × 7.5 × 1.5)	
経蔵	萱葺一宇　無 11.5 × 10 × 10 (3.45 × 3 × 3)	法蔵一宇　無 25 × 15 × 15 (7.5 × 4.5 × 4.5)		
鐘堂			一宇（立戸具）　無 14 ×□ 1 × 81 (4.2 × ? × 24.3)	
房舎	僧房一宇　無	食堂一宇　無 27 × 15 × 15 (8.1 × 4.5 × 4.5) 酒舎一宇　無 24 × 17 × 7.5 (7.2 × 5.1 × 2.25) 廊代長屋一宇　無	僧房二宇 一宇細殿　無 30 × 16 × ? (9 × 4.8 × ?) 一宇僧房（庇三面）無 19 × 8 × ? (5.7 × 2.4 × ?)	萱葺僧房一宇　無 150 × 20 × 7 (45 × 6 × 2.1)
雑舎	大衆院六宇　無 酒屋 天延年中大風顚倒 西屋 北屋 大炊屋 政所屋 大門 板倉一宇　無 燈爐一基　無 東門一宇　無 北門一宇　無	大衆院 萱葺碓屋一宇　無 13 × 12 × 11 (3.9 × 3.6 × 3.3) 甲倉二宇　無 一宇 23.6 × 16 × 16.5 (7.08 × 4.8 × 4.95) 一宇 18.5 × ? × 13.3 (5.55 × ? × 3.99) 油倉一宇　無 7 × 7 × 6 (2.1 × 2.1 × 1.8) 大門三宇　無 東一宇 10 × 12 × 8.5 (3 × 3.6 × 2.55) 南一宇 20 × 23 × 8.5 (6 × 6.9 × 2.55) 西一宇	大衆院 一宇　地子倉　無 25 × 15 × 10 (7.5 × 4.5 × 3) 一宇　大炊屋　無 20 × 16 × 5 (6 × 4.8 × 1.5) 一宇　資財倉　無 21 × 11 × 8 (6.3 × 3.3 × 2.4) 一宇　無 21 ×口 5 × ? (6.3 × ? × ?)	大衆院 仮屋一宇　無 板倉一宇　破 25 × 20 × 20 (7.5 × 6 × 6) 南大門一宇　無 58 × 15 × 13 (17.4 × 4.5 × 3.9) 西大門一宇　無 東大門一宇　無

築垣	廻垣　無 920（276）	築垣　無 東方　75（22.5） 南方　98（29.4） 西方　85（25.5） 北方　120（36） 東北長　170（51） 南東広　72（21.6） 西長　230（69）		築垣一廻　四面二町　無 3021（906.3）
寺地、奴婢（法林寺のみ）	寺地16町3段144歩 田　4町9段140歩 在留国日記坪付 畠 寺奴婢46人 皆悉逃亡死去		仏像五懸 金色薬師仏一体（結跏趺座）23（6.9） 文殊師利菩薩一体（結跏趺座）新色、無座 15（4.5） 新薬師如来金色一体（白身丈六之替、結跏趺座）　焼亡 4.2（1.26） 脇士菩薩二体　新仏 各5（1.5）	釈迦丈六一体（安座） 金色　8（2.4）　破 左脇士普賢菩薩一体立 金色　10（3）　破 右脇士文殊師利菩薩一体立　金色　10（3）　破 四天王　破 毗頭盧一体　破 吉祥天一体　破 毗沙門天一体　破 丈六十一面観音像一体　破 毗沙門天一体　破 二王二体　破 金剛密迹二体　破
仏像		仏像七体　破 釈迦如来一体并脇士二体　8.5（2.55） 日光、東方天人、西方日光、天人 金色千手観音一体　破 9.4（2.82） 四天大王四体　破 5.2（1.56） 聖僧一体（安座）　破 3（0.9）		
仏物等	仏物（十七種）　無 楽衣袴十二種　無 唐楽具大般一面　無 呉楽具九種　無 師子一面他　無 聖僧六種　無 瓶二口　無 酒屋顚倒次打破 足釜一口　無 丸釜一口　無 鍋一口　無	仏物（三十二種）　無 聖僧物（八種）　無 資具八種　無 呉楽具十六種　無 雑物三十六種　無	仏物 鍾一口　破 以下八種　無 納袈裟一条　無 天慶6年8月9日 運納国分寺宝蔵 □仏調度一具 □□一体 □□□一面	銅鍾一口　全 呉楽一具　無 磬一枚　破 長1（0.3） 径0.5（0.15）

＊本表は便宜上項目ごとにまとめたものであり、記載の順とは異なっている。
＊建物規模は長×広×高、築垣等は長さ、仏像は高さを表す。（単位は尺）
＊（　）内の数字は建物規模をメートルに換算した。（1尺＝0.3メートル）
＊無は「無実」、破は「破損」を表す。

とあるように、大般若経《だいはんにゃきょう》を書写して国分寺に安置させたが、国分寺がない場合には定額寺に置くように命じている。このことから定額寺は国分寺に代わる地位を得ていることがわかるとともに、その場合、定額寺の経蔵に保管されたのである。

上野国ではその後も、緑野寺《みどのでら》（浄土院、浄院寺）において道忠《どうちゅう》や教興《きょうこう》らによる一切経《いっさいきょう》の書写が行われ、承和元年（834）５月には、上野国など坂東６カ国の国司が一切経書写を命ぜられ、その経本は緑野寺にあるとされた。このように、緑野寺は質、量ともに優れた経典を経蔵に納めていたものと思われる。それゆえ、下野国大慈寺《だいじじ》と並んで最澄の東国伝道の際の拠点となったのであり、その知識の数も群を抜いていたのであろう。

緑野寺は定額寺であったという記載はないが、藤岡市で「延別緑印」と刻まれた銅印が出土しており、「延暦寺」「別院」「緑野寺」の「印」を表現しているのではないかとみられる。承和７年（840）９月に伊予国温泉郡定額寺のように天台《てんだい》（延暦寺）別院《べついん》となった定額寺もあることから注目される。現在、知られている天台別院は東山道諸国に比較的多く分布しており、天台宗の東国布教と深く関わっていると考えられる。これらのうち、嘉祥３年（850）４月に上野国聖隆寺が天台別院となっており、緑野寺も別院とされたのであれば、いかに上野国が重要視されていたかうかがい知ることができるのである。

ところで、定額寺の経蔵に納められていたはずの経典についての記載がないのはどうしたことだろうか。金堂などに安置される仏像については、弘輪寺、慈広寺に無実、破損、新造という具合に記されているのだが、経典については３カ寺とも何ら記されていない。「観心寺縁起資財帳」の経蔵には「納諸経論疏等」とあり、多量の経典が列記されていることから考えれば、慈広寺は勿論のこととして経蔵が既になくなっている法林寺、弘輪寺においても経典は大切に収蔵、保管されていたとみることができる。このことからも、記載のないものは、存在していたと考えてよいと思われる。

藤岡市出土の「延別緑印」銘銅印
（群馬県立歴史博物館）

［鐘堂］　慈広寺に立戸を備えたものが見られるが、その規模は不明な点がある。まず、梁行は「□丈一尺」とあり、桁行が１丈４尺（約 4.2 m）であることから、１丈１尺（約 3.3 m）ではないかとみられる。

そして、高さであるが8丈1尺（約24.3 m）は楼造りとはいえ、あまりにも高層で火の見やぐらのようである。「広隆寺資財帳」によれば広隆寺の鐘楼は桁行2丈8尺、梁間1丈9尺5寸と平面的には慈広寺のものよりもだいぶ大きいにもかかわらず、高さは3丈と慈広寺の半分以下である。また、「観世音寺資財帳」によれば、鐘楼は高さ1丈6尺（約4.8 m）であった。一般的に鐘堂は経蔵と同じ大きさであることが多いから、法林寺と弘輪寺の経蔵が参考になるであろう。つまり、平面的には慈広寺の鐘堂の規模は法林寺と弘輪寺の中間であり、しかも両寺とも梁間と高さがそれぞれ1丈、1丈5尺と一致していることを考え合わせれば、8丈1尺は書き誤りである可能性が高い。

実際、本史料の金光明寺項では、築垣「四面二町」とありながら「長三百二丈一尺」とも記されている。4面2町ということは全長8町であり、1町が360尺だから2880尺つまり288丈であり、数値が一致しない。先に挙げた弘輪寺の萱葺碓屋の表現も同様に記載に矛盾がある。定額寺項の基となった定額寺資財帳は、不与解由状の真偽を判断する根拠となるものであり、現任の間の業績は考課の対象となる。そこで、金光明寺項の仏像のように、破損していたものに修繕を加えたことなどは事細かに記すが、無実のものについてはそれが以前から既になくなっている物であり、自分の責任ではないことがわかりさえすれば良いのであって、その具体的な数値については記載の際に書き誤ったことも十分に考えられるのである。

［**房舎・雑舎**］　各寺ともに僧房《そうぼう》あるいは食堂《じきどう》が無実として挙げられている。大寺院において、子院《しいん》や塔頭《たっちゅう》が成立していく過程においてならともかく、寺院運営に支障をきたしたであろうことは想像に難くない。法林寺のものについては、いずれも規模は記載されていない。金光明寺の萱葺僧房が桁行15丈（約45 m）という長大なものであったのに比べると、定額寺のものは桁行2～3丈と小規模であった。平成30年に調査された上野国分尼寺跡で桁行15間の長大な尼房が見つかり、大きな成果を上げている。

また、大衆院の存在は各寺で認められ、その内訳は酒屋、大炊屋、政所屋、碓屋などであり、中央の大寺院と同様な役割を果たす施設を有していた。その他に、地子倉、資財倉、油倉といった倉も備えていたが、これらは桁行で2丈前後のものであった。

［**築垣**］　弘輪寺については東方、南方等の部分的な無実の様子が詳細に記されているが、法林寺は92丈とのみあることから、金光明寺と同様に築垣《ついがき》は全

壊したものとみられる。その形状は、正方形ならば1辺23丈（約69 m）となる。ところで、弘輪寺の東北長、東南広は何を表しているのか不明であるが、西長23丈というのは法林寺の築垣を正方形と考えた場合と一致するものであり、両寺の築垣規模はほぼ同様であった可能性も考えられる。

［寺地・寺奴婢］　法林寺にのみ記載がある。畠については規模が記されていないが、寺地から田の面積を引いた10町余が畠とみられる。天平勝宝元年（749）7月に、定額寺は100町までの墾田《こんでん》の所有が認められており、これが大きな経済的基盤となっていたはずである。その寺田が無実であるのかあるいは荒廃した状態になっているようである。寺田について明らかになっている地方定額寺はほとんどなく、わずかに天安元年（857）6月に定額寺となった陸奥国極楽寺の「墾田十町」が知られるくらいである。本史料には金光明寺（国分寺）もしくは法華寺（国分尼寺）のものと思われる寺田が群馬郡の小野、井出、八木、上郊の各郷にあった様子が記されている。

また、寺奴婢《じぬひ》46人が逃亡あるいは死亡によりことごとくいなくなっていることも、法林寺の衰退の状況を如実に物語っている。このことは、貞観5年（863）9月の太政官符《だじょうかんぷ》に

今諸国言上不与解由状。注載部内定額寺奴婢。無実逃亡其数不少。

とある事実と符合し、当時の定額寺において一般的な傾向であったことがうか

復元された上野国分寺の築垣

がえる。寺奴の職掌とその地位については直木孝次郎氏の研究に詳しく、それによれば、優れた能力を持ち、寺院当局の信頼を得ていた寺奴もあり、民間の奴婢に比べて高い地位を認められていたものが少なくなかったのではないかとされている。

［仏像］ 法林寺には何の記載もないことから、無実・破損はなく、現存していたのであろう。しかし、中心堂塔の中では塔のみが命脈を保っていたのであり、ここに多くの仏像が安置されていたとは考え難く、仮の堂のような建物があったということも推測できる。慈広寺のものは「仏像五懸」とあることから仏画であるとの見方もできるが、前橋市上西原遺跡出土の塑像は背面が平坦なレリーフ状のものであることから、堂の中央に安置したものではなく壁に掛けられていたとみられ、これと同様なものを想定することもできるのではないだろうか。

また、無実、破損の記録であるにもかかわらず、慈広寺の脇士菩薩二体は新仏、文殊師利菩薩一体は新色とある。これは、金光明寺の丈六の十一面観音が前々国司の平朝臣重義によって造られたことを挙げているのと同様で、前述したように、10のうち2、3の修造を行えば、それを国司の実績として考課の対象としていることの反映とみられる。しかしながら、これ以外に新造等の記載はなく、国司にとって考課の対象として挙げることのできる数少ない実績を書き落とすことは考えられず、如何に修造に意欲がなかったかうかがい知ることができるのである。

ところで、県内に現存する平安時代の仏像は数少ないが、その多くが十一面観音であることに驚かされる。金光明寺に十一面観音の新造と破損の記載が見られることからも、当時、十一面観音の信仰が流布していたことを示すものであろう。

［仏物］ こまごまとしたものが記されており、寺院内での仏事を彷彿させるものである。これらのうち、密教関係の仏具や伎楽の面などが注目される。また、慈広寺の納袈裟を国分寺の宝蔵に運び納めたことが見えるが、このことは定額寺と国分寺との密接な関わりをうかがわせる事象である。

以上、『上野国交替実録帳』記載の定額寺についてその内容の検討を行ってみた。これらは、七堂伽藍を備えたものであったが、その堂塔の多くは失われており、寺院としての体裁をほとんど留めておらず、活動も果たしてどれだけ行われていたか明らかではない。しかし、このような状況にありながら、法林寺、弘輪寺、慈広寺の３か寺は依然として定額寺制の中にとどまり、資財帳を通して国司の管轄下に置かれていたのである。これに対して、放光寺は自ら定額寺の寺格を放棄しており、当時の定額寺制のあり方の一端をうかがわせるものであり、これら３カ寺の解明を通して、放光寺の具体像に多少なりとも迫ることができた。

また、県内で調査された古代寺院跡は、まだその数も少なく、解明された事柄も多くはない。ましてや、その寺院の性格を解明しようとしても、遺構から得られる情報には限界があり、史料と相互に関連させながら検討を加えていくことによって、わずかずつでも進展が図られると考えている。『上野国交替実録帳』は、そうした地方の古代寺院、特に定額寺についての記載のある数少ない史料であり、実際の遺構と対比させて考えることのできる史料である。

4. 山王廃寺の創建期軒丸瓦

（1）素弁八弁蓮華文軒丸瓦

これまで、山王廃寺は白鳳期に創建され、平安時代の後期まで存続したとみられている。山王廃寺の創建期の軒丸瓦は素弁八弁蓮華文《そべんはちべんれんげもん》であると考えられており、山王廃寺出土の軒丸瓦の中でも整った文様構成であり、その胎土・焼成からいっても良質な粘土を用いているものが多く、堅固にそして丁寧に作られていることから、山王廃寺を代表する瓦である。しかしながら、出土瓦の中には、同様に古い要素を持つと見られる素弁八弁隆起線文軒丸瓦《りゅうきせんもんのきまるがわら》があるため、それらの詳細な比較、観察を試み、山王廃寺の創建期の軒丸瓦についてこれまでの考え方を再検討する。

山王廃寺の瓦については、上野国分寺出土のものなどとともに多くの先学によって注目され、研究が進められてきた。

まず、稲垣晋也氏は素弁八弁隆起線文軒丸瓦（以下、素弁Ａと略す）の幾何学的な文様について、素弁における形式化の極点に達した奈良県巨勢寺出土のものに類似するとした。また、素弁八弁蓮華文軒丸瓦（以下、素弁Ｂと略す）について、天智天皇４年（665）に築城された基肄城を標式例とする九州地方の百済末期様式につらなるものとの評価を与えた。この二つの文様のどちらが創建期のものという明確な指摘は行っていないが、それぞれ素弁後期の早い時期

塔心柱の根巻石

（630年代末以降）、後期後半（665年以降）との年代を与えており、素弁Ａの方を古く見ている。

次に、森郁夫氏は単弁蓮華文が複弁蓮華文に先行するという通例の考え方からすれば単弁八弁《たんべんはちべん》（本稿でいう素弁Ｂのこと）が県内で最古のものであると考えた。そして、稲垣氏の考えを受けながらも、蓮弁の細さ、蓮弁の周囲の縁取り等から九州のものとの間にわずかに時期差を認めようとしている。素弁Ａについては、幾何学文と呼ぶにふさわしいとしたが、７世紀代の年代を与えている。

また、津金沢吉茂氏は山王廃寺出土の根巻石などの石造物の詳細な分析結果と、山王廃寺と飛鳥寺の塔心礎の類似から、創建の時期を遡らせることが出来ると考えた。また、創建期の軒丸瓦は素弁八弁と複弁七弁の２種を検討しているが、根巻石との関連から素弁を示唆している。

さらに、石川克博氏は素弁Ｂを創建瓦とみる従来の見解を受けて、岡山県栢寺廃寺出土の素弁八弁蓮華文との文様、技法の類似について触れ、さらに栢寺廃寺を介して広島県寺町廃寺との文様の類似にまで言及した。

このように、創建期軒丸瓦については素弁Ａとの見方もないわけではないが、大方は素弁Ｂでほぼ一致している。しかし、その年代観となると稲垣氏以外は「放光寺」銘瓦の出土以後の提示であって、山ノ上碑の放光寺の記事から遡って670年頃を想定しており、遺構、遺物を再検討する余地は十分にあるようだ。

①素弁八弁蓮華文軒丸瓦

素弁八弁蓮華文軒丸瓦（素弁Ｂ）は山王廃寺の創建瓦とみられ、瓦当面の径は約16㎝、中房は径４㎝程で１＋６の蓮子を配し、わずかに縁取りのある素弁と楔形をした間弁からなっている。周縁は幅1.5～1.8㎝で素文ながら２段になっていて圏線が巡っているように見える。瓦当の厚さは2.0～2.5㎝である。

瓦当部と丸瓦の接合技法は、いわゆる「嵌《は》め込《こ》み法」であり、瓦当裏面及び側面は塑像の表面のように仕上げの細かい粘土を同時に撫で付けて調整している。胎土は小石を含むが密であり、焼成も堅致である。また、灰色もしくは青みがかった灰色を呈している。

素弁Ｂの文様は稲垣氏によれば百済末期様式の流れをくんでおり、九州地方の垂水廃寺や法鏡寺の素弁八弁蓮華文と同様に素弁の後期後半（665年以降）に位置付けられている。しかし、蓮弁の形態から見ればやや異なり、他にその系譜を求めるべきものと思われる。これについては、奈良県橿原市田中町に所在する田中廃寺出土の素弁八弁蓮華文の蓮弁、中房の形に近いものを認めるこ

素弁八弁蓮華文軒丸瓦（素弁 B）（群馬県立歴史博物館）

とができる。田中廃寺の軒丸瓦は既に『飛鳥白鳳の古瓦』で紹介され、橿原市教育委員会の発掘調査により、７世紀の遺構も見つかり、多量に出土した瓦の中に山田寺式の単弁八弁とともに素弁八弁軒丸瓦が出土している。

田中廃寺の素弁八弁は瓦当面の径が約 17㎝で、中房は径 3.5㎝で中央に膨らみをもち、１＋６の蓮子を配し、間弁はシャープな作りで中房にまで達している。中房から連続する蓮弁の形は弁端に丸味をもち、指先でつまんで反りを表現している。また、周縁は幅のやや広い二つの圏線の間に細い圏線も認められ、瓦当部と丸瓦との接合の技法は印籠つぎ法である。この田中廃寺の素弁八弁と山王廃寺の素弁Ｂとを比べたとき、蓮弁と中房はほぼ同形である。しかしながら、田中廃寺のものは間弁が中房にまで達しているという大きな相違点をもっている。また、周縁の違いは、幅の広い圏線の間の細い圏線を段差に置き換えて考えれば同じ意匠ともみることができる。これらのことから、山王廃寺の素弁Ｂは田中廃寺の素弁八弁に近いものと考えることができるだろう。瓦当部と丸瓦の接合技法が異なっていることを時間的、地域的な差と考えても、素弁Ｂを７世紀第３四半期でも早い時期に位置付けることができるのである。この他にも素弁Ｂの文様に類似のものとして、大阪府の野中寺跡や陵南廃寺などで出土している素弁八弁蓮華文を挙げることができる。

②嵌め込み法

素弁Ｂの瓦当部と丸瓦との接合の方法は、稲垣氏がいわれる「嵌《は》め込《こ》み法《ほう》」の範疇に入るものである。嵌め込み法とは生乾きの瓦円筒の中に笵に詰め込んだ瓦当部を嵌め込み、瓦円筒の下半部を瓦当周縁部を除いて切り取るのである。つまり、この技法によって製作された瓦当の周縁部が剥離すると瓦当側に丸瓦の布目が反転して陽出するのである。この技法を用いた軒丸瓦は、全国的に見ても極めて数が少なく、報告例も限られている。

しかしながら、山王廃寺の素弁Ｂは、瓦当の上半部の周縁が剥離したものには布目の陽出が認められるが、下半部の周縁が剥離したものは見当たらず、その部分は接合によっていないことがわかる。このことから、素弁Ｂは瓦円筒を２分割してできた丸瓦の凹面に瓦当部を嵌め込んだものであり、瓦円筒を用いた嵌め込み法とは様相を異にしているのである。

ところで、素弁Ｂの瓦当面を詳細に観察すると、内外周縁の段差面は連続しており、外周縁を除く瓦当面全体が笵によって形成されていることがわかる。このことから瓦当文様の形成は

㋐生乾きの丸瓦に瓦当部の粘土を嵌め込み、下半部の周縁まで形成する

㋑丸瓦の端部も含めた瓦当面に笵を押し当てる（あるいは瓦当面を笵に押し込める）

㋒笵をはずして裏面、側面をナデ調整する

と考えられる。いずれにしても、瓦当部と丸瓦とを接合させた後に文様が施されるのである。この製作工程によれば、瓦当部と丸瓦との接合面でちょうどうまい具合に段差を設けることは不可能である。

山王廃寺ではもう一種類この技法の軒丸瓦が存在する。それは剣菱形の重弁六弁軒丸瓦であり、接合技法が明瞭なものによれば、まず丸瓦の先端に合わせて瓦当部を凹面に嵌め込み、瓦当裏面に補強用の粘土を加える。さらに、できた軒丸瓦の瓦当面に笵を押し込んで文様を形成したとみられる。素弁Ｂもまさにこのようにして製作されたのである。そして、この瓦当を成形してから文様を施すやり方は、上野国分寺建立の時期に一本作り法として盛行し、上野における造瓦技法の主流となっていくのである。

③県外の同技法瓦

それでは、県外の嵌め込み法で製作された軒丸瓦についてみてみよう。まず、福島県腰浜廃寺《こしはまはいじ》は白鳳期に建立された東北地方最古の寺院跡とみられている。腰浜廃寺の創建期の軒丸瓦に山王廃寺の素弁Ｂに似た素弁八弁蓮華文がある。しかし、瓦当の径が 17.5㎝と山王廃寺のものより大きく、蓮弁は彫りが深く鮮明で、細長い。そして、稜線が明瞭であり、蓮弁の先端は反りあがっている。山王廃寺の素弁Ｂに比べて、間弁が中房に達し、蓮子の数が１＋８である点に大きな相違が認められる。瓦当部と丸瓦との接合技法は瓦円筒中に瓦当部を接合する嵌め込み式である。

また、埼玉県馬騎《まき》の内《うち》廃寺は８世紀初め頃に尾根上に平坦面を造って建立されている。馬騎の内廃寺出土の複弁七弁蓮華文は創建期のもので、蓮弁は細長く、しっかりした間弁をもち、蓮子は１＋８である。蓮弁の数が７ということから、山王廃寺の複弁七弁の影響を受けている可能性がある。これの周縁部が

剥離した資料でみると、瓦当部の側面全体に布目痕が陽出しており、明らかに嵌め込み法によって製作されたことがわかる。

さらに、埼玉県高岡廃寺は旧高麗郡に属していたとみられ、８世紀後半には建立されたのではないかと考えられている。高岡廃寺出土の素弁六弁蓮華文は９世紀中頃のものとみられており、蓮弁は薄く、周辺部が反転して高まりをもっており、径の大きな中房は突帯で形成されていて、その中央に蓮子が１つある。接合方法は瓦当部を丸瓦に嵌め込んだもので、まさに山王廃寺のものと同じである。しかし、瓦当部は嵌め込んだままで、下半部に周縁を造っていない特異なもので、山王廃寺のような丁寧な仕上げにはなっていない。

熊本県興善寺廃寺《こうぜんじはいじ》は奈良時代に建立されたと考えられ、鬼面文軒丸瓦は、瓦当内区に立体感のある鬼面を施している。この鬼面は鼻や口が大きく、頭髪と髭とみられる文様も描かれている。瓦当の周縁剥離面には全体に布目痕が陽出していることから、嵌め込み法によっていることは明らかである。瓦当の周縁から側面にかけて、一条の沈線が引かれており、瓦円筒を半裁し、切り取る際の目安として施されたものとみられる。

熊本県陳内廃寺《じんないはいじ》は熊本県で最も古い寺院跡で、白鳳期に建立され、奈良時代の末に焼失したといわれている。現在、塔の心礎が残っているのみである。昭和 32、33 年の発掘調査によって、約２町四方の築地の中に、法起寺式の伽藍が立ち並んでいたことが明らかになった。出土瓦のうち、創建期の軒丸瓦は百済様式の素弁八弁蓮華文で、重弧文軒平瓦を伴うものである。この素弁八弁の蓮弁は山王廃寺の素弁Ｂに似ているが、蓮弁の中央に稜線が走り、弁端がやや尖り気味である。また、間弁は中房にまで達しており、中房の蓮子の数も４つと異なっている。しかし、素弁八葉としては九州に存在するものの中では山王廃寺の素弁Ｂによく似ている。接合方法は周縁が剥離したものを見てみると、瓦当部側面に布目痕が陽出しており、それが丸瓦との接合部分にとどまらず、瓦当部の下半にまで達していることから、嵌め込み法によったことがわかる。

このように、嵌め込み法の類例をみてみると、腰浜廃寺や陳内廃寺では素弁八弁の百済様式で、その時期も山王廃寺の素弁Ｂと同様に７世紀後半に位置付けられるものであるが、興善寺廃寺や馬騎の内廃寺、高岡廃寺では文様も異なり、その年代も８世紀に下るものである。つまり、同一の技法であってもその製作された時期には幅があることがわかる。

以上により、素弁Ｂは文様からは７世紀中葉以降、技法のうえからは７世紀後半以降のものということができ、７世紀の第３四半期に位置付けるのが妥当と考える。

(2) 素弁八弁蓮華文以外の軒丸瓦

それでは、素弁Ｂに代わる創建期軒丸瓦が他にあるだろうか。本節では、山王廃寺出土瓦の中で７世紀の製作とみられる軒丸瓦の検討を行いその位置付けをしてみたい。

①素弁八弁隆起線文軒丸瓦

素弁八弁隆起線文軒丸瓦（素弁Ａ）は、中房を思わせる径数mmの粒状突起から幅１～２mmの隆起線が放射状に周縁近くまで延び、瓦当面を８分割して蓮弁を表現している。瓦当の厚さは１㎝前後と薄く、周縁は素文で低く、幅も１㎝前後と狭い。瓦当の径は 19㎝前後と大きいため、より一層薄く感じられる。笵は周縁までで、非常に平板な感じを与える文様で、瓦当裏面は平らに篦《へら》削りされている。瓦当部と丸瓦との接合技法は瓦当裏面に丸瓦をあてて粘土で補強したものであり、接合の位置は外縁に添っているものもあるがやや内側に入っているものもある。胎土は細かく、２種類の粘土を混ぜ合わせているものもある。焼成は堅致で、青灰色から灰色をしている。

隆起線で表現されたこの文様は退化傾向が見られるとして、創建期瓦として扱われない場合が多い。しかしながら、技法的に見ると、瓦当部と丸瓦の接合が接着法であり、瓦当は薄く、周縁の幅が狭いことなどいずれも古い様相を示しており、隆起線であることを以て退化傾向のみとりざたされて、不当に評価されてきたものである。確かに、上野国分寺の造立後、隆起線を用いて蓮弁を表現する傾向が強まるが、これはいずれも一本作り法と大量生産による所産であり、素弁Ａとは製作技法が異なっている。また、上野国分寺以後のものは胎土に砂粒を多く混入するようになり、これらを同列で論じることはできない。

素弁八弁隆起線文軒丸瓦（素弁 A）

さらに、素弁Ａの出土位置は第６次調査の塔、金堂付近が多く、細かく破損したものが集められて廃棄されていることから考えて、塔の倒壊以前にほとんど破損したものとみられる。つまり、塔や金堂といった中心伽藍に当初から葺かれていたものではないかと考えられる。

この素弁の意匠の祖形は、奈良県飛鳥寺の創建瓦に見られるものであ

日枝神社境内の塔心礎（前橋市教育委員会）

る。しかし、山王廃寺のものは明確な間弁を持たない。近県で類似の文様を見つけることはむつかしく、わずかに隆起線ということから、山梨県の天狗沢窯跡出土の単弁（素弁）八弁蓮華文を挙げることができる。これの隆起線は、間弁ではなく蓮弁の中央に表された稜線とみられるが、弁端を突き抜けて周縁まで達している部分もある。瓦当部と丸瓦との接合技法は一本造り（本書でいう嵌め込み式）であるという。

ところで、山王廃寺の塔心礎は、飛鳥寺の塔心礎に類似している。山王廃寺と飛鳥寺のどちらも、舎利孔から四方に延びる排水用の溝は東西南北を指しており、舎利孔の形状は丸と四角と異なっているが、放射線状の溝によって削られた上面は、単に隆起線で区画されただけの素弁Ａを彷彿させるものであり、素弁Ａを創建期に位置付ける一つの傍証となるものである。これらのことから、素弁Ａは素弁Ｂに先行する可能性をもっており、７世紀中葉に近い時期を想定することもできるであろう。

②複弁八弁蓮華文軒丸瓦

複弁八弁蓮華文は第６次調査によって、その存在が明らかになったもので、以前にも出土していたが破片であるため複弁七弁との区別がつかなかった。実見調査で確認した多くは第６次調査で出土しており、主として塔あるいは金堂に使用されていたものであるとみられた。

複弁蓮華文は大和川原寺の創建期軒丸瓦を祖形としていて、それの変化したものと考えられており、県内でも太田市の寺井廃寺出土の周縁に面違鋸歯文を持つ複弁八弁のものが知られているが、山王廃寺出土のものはそれとはだいぶ様相が異なっている。まず、蓮弁の先端は少し反転しているが、厚みがほとんどなく、立体感には乏しい。中房は１＋８＋８の蓮子をもち、川原寺式に比べてその径が小さいため蓮弁が細長く感じられる。また、子葉は蓮弁の半分くらいの長さであり、周縁は直立の素文で、鋸歯文などが施されないことが最大の特徴である。笵は周縁までであり、瓦当に残る傷から笵の割れが著しいものが多いことがわかる。

瓦当の形態には２通りあり、瓦当の厚さは薄く、幅の狭い素文の周縁を持つものと、瓦当がやや厚くなり周縁の幅も広がるものとある。瓦当径は18㎝前後で、瓦当の接合技法は接着法である。これらから、特に前者は素弁Ａとその形態、胎土、製作技法等に類似点が認められ、同一の工人組織によって時期を接して生産されたものと考えられる。また、瓦当面の径の大きさからみて素弁八弁蓮華文（素弁Ａ）と同時期に堂塔の屋根に葺かれていた可能性も十分にあり、その年代を７世紀第３四半期の早い時期として大過ないものと考える。複弁八弁は笵の割れによる傷によって確認できるすべてのものが同笵関係にあることがわかり、１つの笵からすべて製作されたものと考えて間違いないようである。これまで、複弁八弁は出土点数が少なかったことや、小破片であったり、笵の割れが進んでいたりしたため、素弁Ａと同様あまり評価されないできたのである。

③複弁七弁蓮華文軒丸瓦

山王廃寺から最も多数出土する軒丸瓦であり、七弁で瓦当径も17㎝前後であるため、端部は幅の広い蓮弁となっている。また、中房は複弁八弁より小さく、１＋４＋８の蓮子を配しており、１つの蓮子の位置のズレから同笵《どうはん》関係がつかめる。周縁は直立していて、幅が広く、中には竹管で珠文を表す刺突文を施しているものもある。蓮弁の数が７つという奇数であるため割り付けがむつかしいであろうが、整った文様である。しかし、わずかに１つの蓮弁が他に比べてほっそりしている。この複弁七弁蓮華文軒丸瓦は瓦当面の仕上げ方によって２つ

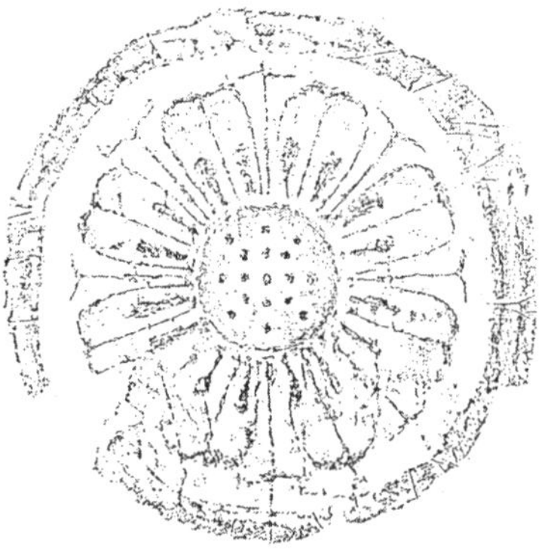

複弁八弁蓮華文軒丸瓦の復元（1/4）

に識別される。１つは粘土かすの詰まりなどによって、表面が荒れている。もう１つは表面が滑らかで笵の割れが認めがたく、石製の笵を用いたのではないかとも考えられている。寺井廃寺からも同笵の複弁七弁が出土しているが、前者である。笵は周縁まで含んでいる。瓦当部と丸瓦との接合技法は接着法であり、周縁に添って丸瓦を接合し、粘土を足して補強している。その後に、瓦当裏面と側面を同時にナデで整形している。これは、仕上げの細かい粘土を用いており、素弁Ｂとまさに同様のナデ調整を行っていて、素弁Ｂと複弁七弁とは同じ製作技法上のものとみられる。

この複弁七弁は八重巻瓦窯跡で生産されたことが明らかになっており、碓氷郡で生産された瓦が主として群馬郡の山王廃寺に供給され、遠く新田郡の寺井廃寺にまで持ち込まれているのである。寺井廃寺では前述したように大和川原寺式の周縁に面違鋸歯文を持つ複弁八弁が採用されているにもかかわらず、複弁七弁も出土することに、政治的な意図を読み取ることができるであろう。

ところで、蓮弁の数が７ということで、想起されるのは、根巻石《ねまきいし》の蓮弁の数である。この弁数は当初８つであったものが、ある時期に７つに変更されたものとみられており、軒丸瓦の文様にも同じ意図が働いているのではないだろうか。つまり、複弁七弁に先行するものとして前述の複弁八弁が位置付けられるのである。根巻石の石材加工と総社古墳群の宝塔山古墳の家形石棺の格狭間の加工を同一の技法と捉えるならば、根巻石は７世紀第３四半期に造られたことになるのであるから、複弁七弁は複弁八弁に続く７世紀第３四半期頃とみることができる。とすると、複弁七弁の年代は根巻石が８弁から７弁に替わった時期と密接に関わっていることになる。

複弁七弁蓮華文軒丸瓦と同背面（前橋市教育委員会）

④県外の類似瓦

県外に類似例を求めると、福島県いわき市の夏井廃寺《なついはいじ》出土の複弁八弁蓮華文がある。これは、川原寺式の範疇で捉えることは難しく、山王廃寺との直接的な関わりを想定させるほどよく似ていて、八弁ということもあってやや子葉が細いがしっかりと表現されている。瓦当部と丸瓦の接合技法は印籠つぎ法で、厚みのある瓦当になっており、裏面はナデ調整されている。

また、福島県相馬市黒木田《くろきだ》遺跡でも複弁八弁蓮華文が出土しており、福島県の浜通りに山王廃寺の複弁の系譜を引くとみられるものが認められるのである。これらは、大和政権の蝦夷に対する東北経営の中で現れてきた現象とみられ、少し後の記事等にみられる「上毛野陸奥公」などの複姓氏族《ふくせいしぞく》の分布が陸奥国の臨海の郡に多い現象と一致している。

さらに、馬騎の内廃寺出土の複弁七弁はその文様の形態や蓮弁の数が７ということから、山王廃寺の複弁七弁の影響下に製作されたものと考えられる。このように、川原寺式との相違が著しい山王廃寺出土の複弁八弁と複弁七弁の文様は、その系譜を直接的に畿内に求めることはむずかしく、東国独自の採用、発展として捉えることができるだろう。つまり、川原寺式とは異なる系譜に属するとみられ、その年代を川原寺の創建より大きく下らせて考える必要はないのである。

これまで検討を加えてきたように、山王廃寺の７世紀代の軒丸瓦として４種があげられた。そのうち、素弁八弁蓮華文（素弁Ｂ）、複弁八弁蓮華文は創建期のものとみられ７世紀中葉から第３四半期、複弁七弁蓮華文は７世紀第３四半期の年代が導き出された。素弁八弁蓮華文（素弁Ａ）については検討資料の不足もあるが、７世紀中葉にまでさかのぼる可能性を持つものである。

山王廃寺の建立の背景については、山王廃寺の創建期軒丸瓦のうち、蘇我氏によって建立された飛鳥寺との関わりが想定される素弁八弁蓮華文（素弁Ａ）と、蘇我氏の一族である田中氏の建立によるとみられる田中廃寺出土のものに類似する素弁八弁蓮華文（素弁Ｂ）と、どちらも蘇我氏に関わる寺院跡出土の文様の系譜を引いているようである。

また、複弁については独自の採用ではないかとみられるが、前述のように旧碓氷郡から多胡郡にかけてその文様の系譜を引くものがあり、特に、でえせえじ遺跡出土の複弁七弁は山王廃寺出土のものが少し変形したと捉えられる。でえせえじ遺跡は山ノ上碑の至近距離にあり、その碑文に記された「放光寺」が山王廃寺であることから、これらは密接に関わっているものとみられる。山ノ上碑は金井沢碑とともに令制下の多胡郡に属し、多胡郡建郡以前は片岡郡であった。さらに、『法隆寺伽藍縁起并流記資財帳』にみられるように山部郷が法隆寺の食封であったということと考え合わせれば、それ以前にこの地の山部氏、あるいは佐野三家を介して上宮王家《じょうぐうおうけ》、ひいては蘇我氏《そがし》とのつながりが考えられる。

山王廃寺を建立したのは総社古墳群を造営した氏族とみられているが、７世紀第２四半期から第４四半期にかけて築造された愛宕山、宝塔山、蛇穴山古墳などの大型方墳には大和勢力に直結した影響が認められる。つまり、愛宕山・宝塔山古墳に存在する家形石棺や宝塔山・蛇穴山古墳にみられる洗練された截石切組積石室、さらにはそれら石材の加工技術や漆喰の塗布などである。このことは、山王廃寺の瓦当文様からも裏付けられ、地方豪族が独自の文化を展開させつつも、積極的に中央との関わりを求め、新しい文化の吸収をはかっていたことがうかがわれ、大和勢力内の有力豪族らも地方への勢力扶植をはかっていたのである。

総社古墳群の大型方墳が築造され始めた７世紀前半には、大和勢力の中で蘇我氏が実権を握っていたのであり、上毛野においてもそれの何らかの影響下にあったものと思われる。少し後の資料ではあるが、平城宮跡出土木簡に甘楽郡新屋郷上戸の宋宜部《そがべ》猪万呂が衛士として出仕しているのが見え、上野国分寺に供給された瓦の文字からも多胡郡辛科郷に宋宜氏《そがし》がいたことがわかる「辛宋宜」銘瓦が出土している。また、『和名類聚抄《わみょうるいじゅうしょう》』（刊本）によれば、甘楽郡に宗伎郷が知られ、これもソガである可能性が検討されるものであり、この地域付近に

宝塔山古墳の石室内の様子

勢力をもっていたものと考えられる。さらに、法隆寺所蔵文書によれば部領として宗我清直がいて、国衙《こくが》に連なる一役人としての宗我氏を認めることができるのである。これらのことは、上毛野における蘇我氏の動向の一端を示しているものと思われ、山王廃寺の建立に際して、蘇我氏の影響を認めることができるのではないだろうか。

5. 上野国分寺瓦との同笵関係

(1) 山王廃寺と上野国分寺の同笵軒丸瓦

　これまでに、山王廃寺跡から出土した軒丸瓦の瓦当の文様は十数種が数えられているが、そのうち、上野国分寺跡出土の軒丸瓦と同一の文様のものは７種類ある。これらは、山王廃寺創建期の素弁八弁蓮華文軒丸瓦(素弁Ｂ)が肉厚で写実的に蓮弁をかたどっているのに対して、素弁八弁蓮華文軒丸瓦(素弁Ａ)のように隆起線によって蓮弁を表現している。しかし、単弁四弁軒丸瓦や変形七弁軒丸瓦などは、文様が抽象化、形式化されたものであり、全体として退化傾向がうかがえて、修造の際に大量生産されて用いられたものと考えられる。

　そこで、これら両寺跡から発掘調査によって出土した同一の文様の軒丸瓦を直接比較して、文様を構成する主要な部分や、笵の傷の有無などの特徴を比較すると、同じ型から作られた同笵《どうはん》品であることがわかる。

　単弁四弁軒丸瓦Ａ類　隅丸方形状をした中房の中央に、蓮子を表す十字形を１つ置き、中房からは蓮弁、子葉、Ｔ字形をした間弁がそれぞれ放射状に伸びていて、蓮弁の外周には界線が１条めぐっている。この文様の軒丸瓦は両寺跡から多数出土している。笵の傷は認められなかったが、文様を構成する４つの蓮弁や間弁に類似の傾向が両寺跡出土のものに認められることから、同一の笵型から作られたものと考えられる。また、周縁の作りは箆削りによっており、個々に相違が認められることから、笵は界線までのものであり、周縁部分は含まれていなかったものとみられる。

　単弁四弁軒丸瓦Ｂ類　Ａ類に似ているが、蓮弁は細長くて子葉がなく、蓮子も１点で表されており、蓮弁の

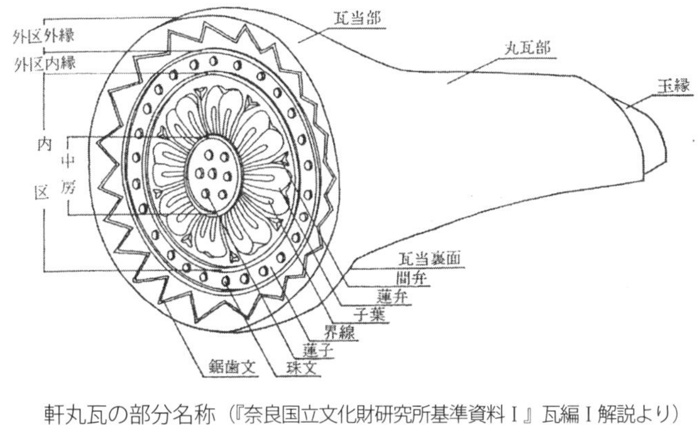

軒丸瓦の部分名称（『奈良国立文化財研究所基準資料Ｉ』瓦編Ｉ解説より）

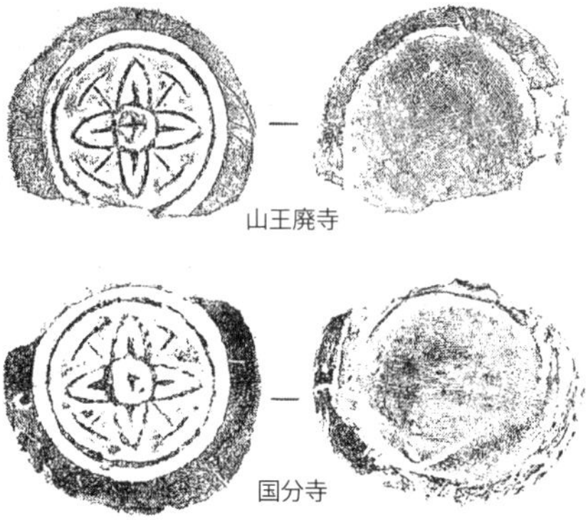

単弁四弁軒丸瓦 A 類

単弁四弁軒丸瓦 B 類

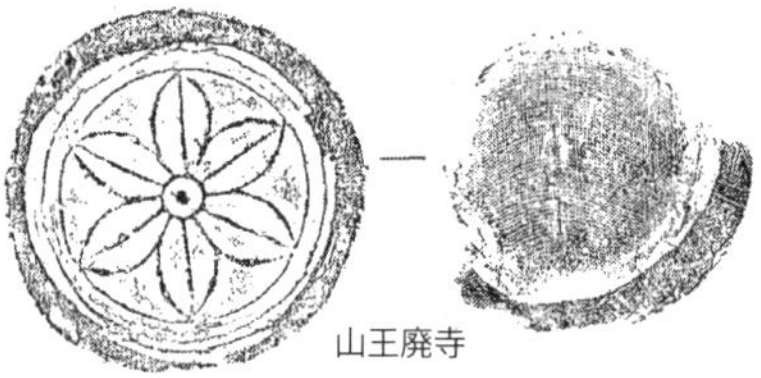

単弁六弁軒丸瓦

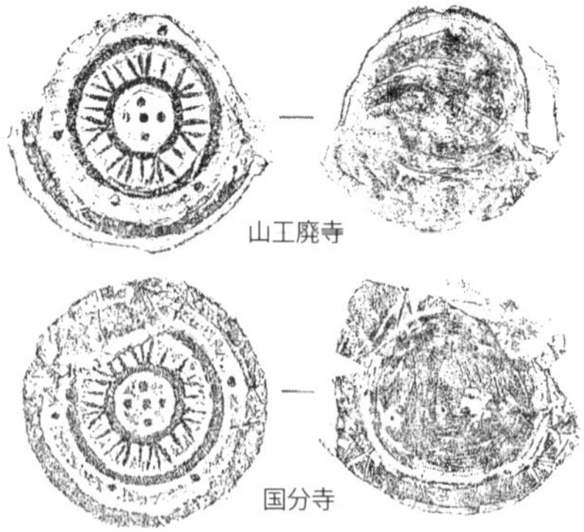

変形七弁軒丸瓦 A 類

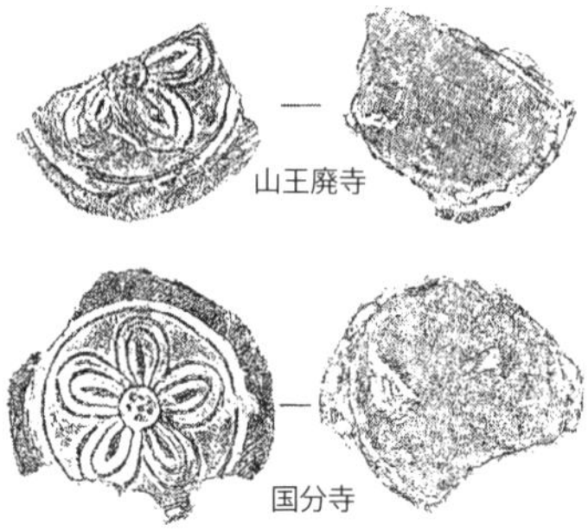

重弁五弁軒丸瓦 A 類

重弁五弁軒丸瓦 B 類

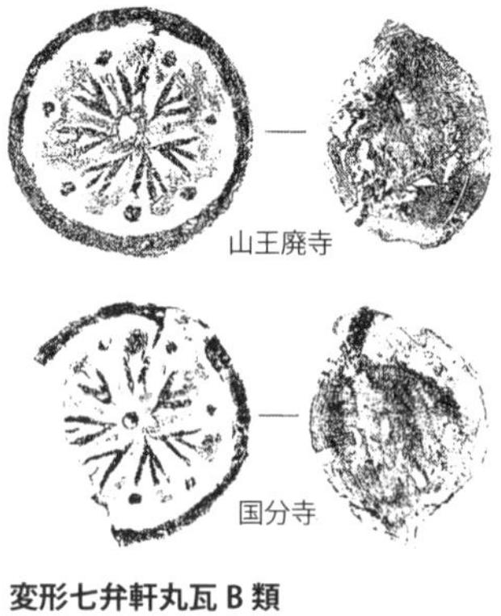

変形七弁軒丸瓦 B 類

山王廃寺と上野国分寺の同笵軒丸瓦拓本

外周には同心円状に界線が二重にめぐる、といった点が異なっている。また、その周縁はＡ類と同様に箆削りされているので、Ｂ類の笵も界線までであったものと思われる。

重弁五弁軒丸瓦Ａ類　いわゆる上野国分寺系の文様であるが、蓮弁の端に反りをもたせてその厚みを表現することもなく、単なる細隆起線で表現され、弁の端は丸みを帯びて、均斉が失われている。中房も一回り小さく、「１＋４」の蓮子を配している。蓮弁の外周には界線１条がめぐる。この文様は、上野国分寺系の中でも藤岡市金山瓦窯跡出土のものの系譜をひくものと思われ、創建期よりもやや時代が下るものである。

重弁五弁軒丸瓦Ｂ類　この文様のものは、利根川以西の榛名山麓を中心に広範囲な分布が見られる。これも上野国分寺系の文様であるが、Ａ類とは異なり、かなりルーズで、１個体の蓮弁のうちであるものは二重、あるものは三重の細隆起線で表現されていて、子葉もあるものとないものがある。蓮弁と蓮弁の間には珠文を配し、蓮弁の中位を細隆起線で結ぶと同時に、蓮弁の端も同様にこれと同心円状に結んでおり、さらに、蓮弁の外周に界線をめぐらしている。

ところで、このＢ類は、瓦当の裏面に布目痕があるものとないものとに分類できる。瓦当の裏面の布目痕を消すナデ調整をしたものをａ、布目痕を残すものをｂとする。上野国分寺跡からはａ、ｂともに出土しているが、山王廃寺跡出土の破片は、布目痕が見られるのでｂに属するものである。また、ａ、ｂには、製作技法だけではなく胎土にも相違が認められるので、時間的な差や笵の移動といった問題について考えることのできる好資料である。

単弁六弁軒丸瓦　中房に蓮子は１つで、蓮弁の中央を子葉が直線的にその端まで達している。界線は蓮弁の端に接するように１周しており、さらにその外周に同心円を描くように、１ないし２条をめぐらしている。

変形七弁軒丸瓦Ａ類　凸帯３条を同心円状にめぐらして、中房、内区、外区に区画しているが、中房には「１＋４」の蓮子を配しており、内区には、外に向かって開く隆起線３本で鳥の足状に抽象化された蓮弁と、同じく１本で間弁を表現している。外区には、ほぼ等間隔に珠文６つを配しており、その外周を凸帯がめぐっている。両寺跡出土のものは、その周縁の形態が異なっている。凸帯の外周にさらに一段低く、内区や外区の地の面と同じ高さに周縁がついているａと凸帯が周縁となっているｂとがあるのだ。

変形七弁軒丸瓦Ｂ類　文様のほぼ中央に、珠文と同じ大きさの中房とも蓮子ともつかない小さな円形の隆起が１つ配されており、その周りに、Ａ類同様、隆起線３本で外に向かって開く鳥の足状に抽象化された蓮弁が表現されている。この意匠はＡ類に類以しているものの、間弁を持たない。さらに、蓮弁を取り囲むように７つの珠文を配している。周縁は素文で断面はカマボコ形をしている。

以上のように、山王廃寺跡と上野国分寺跡出土の軒丸瓦の７種類において同笵関係にあることが確認された。つまり、軒丸瓦を通してみた場合、７世紀中葉以降の創建と推定される山王廃寺と、８世紀中葉に建立され距離的にも近い上野国分寺との間に、ある時期に同じ笵から作られた瓦を共有する関係があったことが明らかとなった。

(2) 製作技法と生産・供給

これらの同笵軒丸瓦のうち、単弁四弁Ａ類、単弁四弁Ｂ類、重弁五弁Ａ類、重弁五弁Ｂ類、単弁六弁の５種類は瓦当の裏面には丸瓦部分から続く布目痕があるが、この布目は周縁のちょうど裏にあたるところに付けられた凸帯の内側まで連続している。このことから、瓦当と丸瓦の接合は「一本作り法」によってなされたものと考えられる。「一本作り法」というのは、瓦当と丸瓦とを円筒形の型木を用いて同時に作り上げる方法で、小林行雄氏以来多くの研究者によって検討がなされてきた。この技法によれば、瓦当と丸瓦との剥離を防ぐことができ、両者の外周の径も容易に一致させることができるのだ。

この技法で製作された群馬県内出土の軒丸瓦の製作工程は一様ではなく、出土例の最も多い単弁四弁Ａ類についてみてみると、

①円筒形の型木を用いる
②材料の粘土板は、普通の丸瓦のものよりも前後の方向を長めにする
③粘土板を型木に巻きつけて、型木の上端からはみ出した部分を折り曲げて瓦当面とする
④瓦当面をなす部分の粘土に笵を押しつける
⑤粘土板で作った円筒の下半分を切り捨てる

といった工程が考えられる。この種の文様のものでは、瓦当と丸瓦との間でパイ状に粘土のすじが連続しているものが多く見られ、「一本作り法」の状態がよく観察できる。その胎土を見ると、径３～５mm の石英などの粗粒のものを多量に含んでいる。

山王廃寺跡と上野国分寺跡からは、このグループの特に単弁四弁Ａ類が多数出土しているが、笵についての詳細な観察によって両寺跡出土のものの間に時間的な差は認められないので、一時期に大量生産が行われたものと考えられる。また、胎土に多量の粗粒を含むことも、技術的な側面に加えて、この量産に伴って大量の粘土を必要とした結果の現れではないだろうか。さらに、文様が、立体的ではなく細隆起線のみで平面的かつ簡略に表現されていることも、単に意匠の退化傾向を示しているのみに止まらず、型木に巻きつけた粘土に笵を押しつけて瓦当面を製作する技法に、量産化のためにとられた生産技術上の改良、合理化と深く関わっている。これらのことを考え合わせた場合、両寺の修造は時期を接して行われたことがわかるのである。

もう一つのグループは、変形七弁Ａ類ａ・ｂと変形七弁Ｂ類である。これらのうち、変形七弁Ａ類ａと変形七弁Ｂ類の２種類に見られる接合方法は、瓦当の裏面に丸瓦をくい込ませることによって両者の接合を強化させ、その後、瓦当の裏面を指でナデ調整する「印籠つぎ法」によっている。変形七弁Ａ類ａに見られる工程は、

①笵に粘土をつめ込む

②瓦当の裏面に棒状の工具で溝を作る

③丸瓦を溝に差し込む

④接合部分に粘土を補強して、瓦当の裏面全体を指でナデ調整する

⑤瓦当の裏面の周縁に近い部分を箆削りするものもある

といったものであるのに対して、Ｂ類では、

①笵に瓦当の厚さの半分ぐらいまで粘土を詰める

②丸瓦を周縁よりも約１枚分の間隔をおいて内側に立てる

③残りの粘土を笵に詰める

④周縁のすき間にも粘土を詰め込んで瓦当の裏面ともどもナデ調整する。

の工程をとったものと考えられる

この２種類の軒丸瓦を比較した場合、接合の技法は基本的には同じだが、製作工程は異なっている。しかしながら、胎土を見るとどちらにも黒緑色の微粒子が含まれていて均質で細かいことから、この２種類の瓦は同一の生産地、かつ同一の工人集団の手になるものとみられる。また、変形七弁Ａ類ａは瓦当面

の径が大きくて厚く、接合する丸瓦も厚手で玉縁のない行基葺きとみられるのに対して、変形七弁Ｂ類は瓦当面が小ぶりで、接合する丸瓦も薄手で玉縁付きであることを考え合わせると、変形七弁Ａ類ａの方がやや先行するように思われる。

前述したように、変形七弁Ａ類ａ・ｂは、同笵でありながら、山王廃寺跡出土のＡ類ａには凸帯の外周にさらに周縁が付けられるのに対して、上野国分寺跡出土のＡ類ｂにはこれがないという著しい違いがあるという問題は、山王廃寺と上野国分寺の関係を考える上でかなり重要な意味をもっているように思われる。先に述べたとおり、Ａ類ａの接合の技法は「印籠つぎ法」であるが、Ａ類ｂでは瓦当の裏面の周縁に沿って丸瓦を立て、接合部分から瓦当の裏面全体に補強用の粘土を厚くナデつけている。その際に、瓦当の裏面には、「一本作り法」で見られたような周縁にそった凸帯を付けている。そのために、瓦当はかなり分厚く仕上がっている。この技法は、基本的には「接着法」だが、実質的には「印籠つぎ法」的な性格も持っている。

そこで、山王廃寺跡から出土するＡ類ａと上野国分寺跡から出土するＡ類ｂの特徴について整理してみると、いずれも瓦当面の文様は同笵であり、胎土もまったく同じであるが、形態や技法の上で次の３点に相違が見られる。

①周縁については、ａは凸帯の外周に内区や外区の地の面とほぼ同じ面で周縁が付くが、ｂでは凸帯がそのまま周縁をなして終わっている。

②瓦当と丸瓦とを接合する技法は、ａが「印籠つぎ法」であるのに対して、ｂは「接着法」である。

③瓦当の裏面に見られる手法については、ａが指によるナデ調整で終わるのに対して、ｂではナデ調整をした上に、さらに、周縁にそって凸帯を付けている。

以上のように、山王廃寺出土の同笵瓦の２つのグループについて検討してきたが、同笵関係を認め得る軒丸瓦には、その文様の型式によって製作技法の異なるものがあり、それは、それらが生産された時間的な差異を示すとともに、その時期における生産体制、需給の関係、さらに、それに伴うさまざまな問題を反映していると考えられる。特に、変形七弁Ａ類ａ・ｂについてみると、まず特定の窯場で生産されたＡ類ａが、山王廃寺に限定して供給されていた。しかし、その後、同じ生産地で笵に手直しが施されて、Ａ類ｂとして上野国分寺へも供給され、その修造の際に使用されていたことが明らかとなり、瓦の供給関係を介しての両寺間の深い関わりが推定された。

6. 山王廃寺は放光寺

(1) 史料に見られる古代寺院

これまで、考古学的事実に基づいて述べてきたように、山王廃寺の創建期軒丸瓦は白鳳期のものであり、山王廃寺と上野国分寺で修造時に使用された軒丸瓦７種類には同笵《どうはん》関係が認められ、そのうち特に変形七弁軒丸瓦Ａ類については、瓦の供給関係を媒介として両寺間の密接な関連が推測できた。つまり、山ノ上碑に記された放光寺と『上野国交替実録帳』に見える定額寺としての放光寺である可能性が高まったのである。

そこで次に、史料に現れた上野国内所在の古代寺院について概観してみたい。平安時代の初めの弘仁６年（815）の紀年をもつ高山寺所蔵の『金剛頂瑜伽経』の奥書には、「上野国緑野郡浄院寺」「一切経本」とあり、かつて浄院寺所蔵の一切経であったことがわかる。そして、上野国に浄院寺という寺院が存在していたことが知られている。また、承和元年（834）5 月 15 日の勅には、「相模・上総・下総・常陸・上野・下野等国司をして、力を勠し、一切経一部を写し取り、来年九月以前に奉進せしむ。その経本は上野国緑野郡緑野寺にあり」と見えていて、東国の諸国に一切経の書写が命ぜられて、書写する際のテキストは上野国の緑野寺《みどのでら》にあるとしている。この２つの史料に見える寺院では一切経のテキストを所蔵していることから、浄院寺と緑野寺は同一の寺ではないかと推測されている。

なお、緑野寺は鑑真の弟子の道忠が活動した中心的な寺であり、弘仁年間に最澄が東国布教をした際の拠点であって、藤岡市浄法寺に所在する広厳山般若浄土院浄法寺であろうと考えられている。平成 30 年（2018）に調査された藤岡市の牛田遺跡の寺院跡も緑野寺に関わるものと注目された。

そして、嘉祥 3 年（850）5 月 29 日の詔には、「上野国聖隆寺をもって延暦寺別院となす」とあり、聖隆寺の存在が知られるが、他の史料に

浄法寺の道忠供養塔

は見えず、詳細については明らかではない。しかしながら、前述したように、藤岡市内で見つかった銅印に「延別緑印」と刻まれたものがあり、「延暦寺別院」「緑野寺」と解釈できることから、上野国内での延暦寺別院の分布が裏付けられた。

このように、古代上野国においては限られた数の寺院名しか知られていないのであり、同時期に放光寺という名の寺が２つあったとは考え難いのである。

（2）定額寺と国分寺

定額寺制は承和期以降に整備され、国分寺とともに講経や祈祷といった国家の宗教行事を行うようになる。それでは、この時期の定額寺と国分寺との関連を修造の問題を通して見てみよう。『続日本後紀《しょくにほんこうき》』承和５年（838）９月には、「天下定額寺堂舎、ならびに仏像経論及び神祇諸社を修理せしむ」と勅して、定額寺の堂塔や仏像などの修理を命じたが、それにもかかわらず、なおも堂舎の破損、焼失といった事態が続いたので、同８年（841）５月に、重ねて国司に対してその修理を命じ、寺ごとに修理の計画を提出させた。

また、修造の費用については『日本三代実録』の貞観元年（859）７月に、承和８年と同様の命令を繰り返した後に、寺が所有する田園からの収穫物をもってその費用に充てさせ、田園のない場合には支度帳に記して言上させた。これらの命令が果たしてそのとおりに実行されたかどうかは明らかではないが、国家が定額寺の修造に並々ならぬ姿勢で臨んでいたことがうかがえる。

しかし、この時点でも、史料上に見える具体的な定額寺の数は少なく、地方においてはわずかに有力寺院のみがその寺格を有したのではないだろうか。そして、定額寺に列せられる寺院が急増するのは天長期以降であり、特に貞観期に集中しているのである。このことは、先に見たように、天長２年（825）に、諸国定額寺の資財帳の進上を六年一申としたことと関わりがあるとみられ、この頃に、定額寺制度が改編、整備されたものと考えられるのである。

これに対して、国分寺は天平13年（741）３月の建立の詔によれば、寺封、寺田などからなる経済基盤を有していた。また、修造についても同16年７月に、「国別に正税四万束を割き取り、以って僧尼両寺に各二万束を入る。毎年出挙《すいこ》す。其の息利を以って永く造寺用に支す」とあり、修理料として出挙稲が割り当てられていた。それらは、国家の施策として設置されたものであり、律令支配機構の順調な運用がなされることによって成り立つものであった。従って、それが動揺あるいは変質を見せると、その経済基盤も不安定になるものである。国分寺建立後まもない、天平神護２年（766）８月に、国分寺の堂舎の中には既に朽ち果てたものがあり、造寺料稲を用いて修理を加えるよう命じている。

しかし、それにもかかわらず国司の怠慢によって修造されなかったので、翌年の神護景雲元年（767）11 月に、すみやかに修理を行うように重ねて命じている。このように、国司による修造は進展せず、時代は下るが、長保４年（1002）10 月には、10 のうち 2、3 の修造を行えばそれを国司の実績として考課の対象としているのである。

このような状況下にあって、国司が国家の奨励策に応じて国分寺の修造を行う場合、地方豪族を檀越とし、国司自身の管轄下にもある定額寺が自ら使用する目的で準備していた資材を国分寺へ流用するとか、あるいは、その工人組織を用いて修理用材を生産させる可能性も想定できる。

また、国分寺と定額寺との関連を具体的に示すものとして、近江国において定額寺国昌寺を国分寺に転用したような、国分寺が焼失もしくは衰退した際に、定額寺を国分二寺に充当する例がある。これは、国分寺が焼亡しても、もはや国家には再建する能力がないことを端的に示しているのである。承和 12 年に、前男衾郡大領壬生吉志《みぶのきし》福正が武蔵国分寺の塔の再建を願い出て許されたことなどもこのことを表している。福正のような、在地に勢力を張った有力者層によって再建がなされているのである。さらには、『上野国交替実録帳』に見られる、定額寺慈広寺の袈裟を国分寺へ運び納めた事例などを挙げることができる。

上野国分寺七重塔の復元模型（1/20）
（上野国分寺館）

(3) 山王廃寺の定額寺としての性格

これを山王廃寺と上野国分寺との関連に置き換えてみると、まず、山王廃寺からは上野国分寺の修造期の軒丸瓦と同笵のものが7種類出土していることである。上野国分寺の創建期の軒丸瓦の同笵品はいくつもの遺跡から出土しているが、山王廃寺では出土が見られない。山王廃寺との間で認められた修造期の軒丸瓦の同笵関係は重弁五弁軒丸瓦を除いて他では見られないものである。また、同笵の軒丸瓦のうちの一種は明らかに前後関係がつかめるものであり、山王廃寺で使用されたものが、笵の手直しを経て、上野国分寺へ供給されたことがわかり、両寺の深いつながりが想定される。その時期は、上野国分寺の創建期には認められないことから、9世紀以降のものであることがわかる。さらに、国分寺と定額寺との関わりを具体的に示すものに、前述の国分寺が焼失した場合などに、定額寺をそれに充てる例があるが、仁寿3年（853）6月の太政官符には、地方の有力寺院である定額寺も国分寺と同様の性格を有していたことが記されている。

そこで、前述したように、定額寺資財帳が国司交替制度と関わりをもって作成されていることなどから、国司の職掌を考えれば、国分寺の修造に際して定額寺に使用するために用意された資材を国分寺へ流用する場合もあったであろうし、そのための工人組織を用いて修理用の資材を生産させることも十分に想定される。つまり、山王廃寺が国司の管轄下にあった事実を物語っているのである。この際、地方豪族の側も、積極的に国司（国分寺）と関わりを持とうとしているのである。それは、これまでに明らかにされているように、国分寺造営に協力した郡司らに対する優遇策がその主眼の一つであったとみられる。

次に、山王廃寺では塔周辺の再整備が行われていることである。第7次調査や平成20年度調査で山王廃寺の塔跡にはそれを囲むように白色粘土が敷き詰められていて、その一部には、上に親指大の円礫が敷かれていた。この白色粘土層は、皇朝十二銭のうちの「隆平永寶」（796年初鋳）と「富壽神寶」（818年初鋳）とを出土した土壙が埋没した後に敷設されたことがわかった。また、この白色粘土の直上には、塔からずり落ちた状態で多量の瓦溜りがあり、さらにその上に2次堆積の瓦の包含層があって、その上を天仁元年（1108）に降下した浅間山B軽石を混じえた土層が覆っていた。これらのことから、9世紀前半から12世紀初頭の間に、それもこれらの銅銭が使用された時期を大きくは下らず、9世紀代に白色粘土を用いた山王廃寺の寺地の再整備が実施されたことがわかる。また、その時期は定額寺修造についての一連の施策が打ち出された時期に符合しており、この点からも定額寺との関連を見いだすことができる。これらのことから、山王廃寺は定額寺の寺格を有する寺院であったとみられる。

そして、山王廃寺に関わる具体的な氏族名は不明であり、山ノ上碑に見える佐野三家《さののみやけ》との関わりについても明らかではないが、尾崎喜左雄氏のように、放光寺を佐野三家の氏寺とする考えもある。いずれにしても、長期にわたる存続や内容豊富な石製品などから考えて、有力な檀越がいたであろうことは想定できる。山王廃寺は、北東１㎞に所在する終末期の大型方墳である愛宕山古墳、宝塔山古墳、蛇穴山古墳をはじめとする総社古墳群に隣接して建立されている。このうち、愛宕山古墳、宝塔山古墳には家形石棺が納められていて、当時、大和王権と密接な関係を保っていた豪族の存在がうかがわれる。山王廃寺の創建の時期は、７世紀中葉に近い第３四半期であり、宝塔山古墳と相前後して造営されたのであり、宝塔山、蛇穴山両古墳の截石切組積《きりいしきりくみづみ》石室に見られる石材加工技術と山王廃寺出土の石製品のそれとが共通したものであることから、これもまた畿内の先端技術の直接的な影響のもと、同一の豪族によって山王廃寺も建立されたと考えられるのである。

右島和夫氏によれば、上毛野地域では６世紀後半に終末段階を迎えた前方後円墳は小地域ごとに割拠する勢力を想定させるものであるが、７世紀に入るとその様相は一変し、各地域ごとに存在した大型の前方後円墳の後を受けるのにふさわしいこの時期の首長墓を特定できる地域はほとんどないという。そのような中で、唯一、総社古墳群のみが、その最後の前方後円墳とみられる総社二子山古墳に続いて愛宕山古墳、宝塔山古墳、蛇穴山古墳と、この時期の上毛野地域では他に例を見ない大型古墳を築造している。

蛇穴山古墳

つまり、大和王権を構成した主要なメンバーが用いた墳墓の構造や築造技術の影響を強く受けているのである。これは、総社古墳群の被葬者たち、ひいては山王廃寺の建立者が大和王権と深く結びついた地方豪族であり、上毛野の地の支配の頂点に立つ地位を認められた豪族と考えることができるのである。長利の父方、佐野三家の系譜を引く黒売刀自が嫁いだ氏族は赤城南麓の中小豪族と考えるよりは、総社の盟主とみる方が当を得ているのではないだろうか。

以上のように、山王廃寺の遺構、遺物から、定額寺としての基本的な性格が認められるのである。このことから、山王廃寺の寺名は「放光寺」であり、白鳳期には有力豪族の氏寺として山ノ上碑に記された「放光寺」で、その後に定額寺となった『上野国交替実録帳』定額寺項に見える「放光寺」と同一の寺院と認められる。

そもそも、放光寺は堂舎の滅失、破損等によって寺院の維持が困難となったために、定額寺の寺格から離れたことが推測されるが、実は、10 世紀頃になると定額寺の制度も形骸化し、国家による規制のみが生き続けて、檀越にとって定額寺であることの利点は薄れ、むしろ足枷《あしかせ》となったことも考えられる。このような中にあって、放光寺は檀越の意志によってその寺格を放棄しているのであり、そこには依然として檀越の大きな力が働いていたと考えられる。

そして、山王廃寺跡は、塔心礎、根巻石、鴟尾《しび》といった石製品や出土瓦、多量の塑像や緑釉水注などのセットの存在、および遺跡の状況からして、7 世紀中頃に近い第 3 四半期から 11 世紀代まで長期間にわたって存続したものである。さらに、その規模が大きくて、遺構の造作が精巧であることや、奈良の法隆寺五重塔の塔本塑像《とうほんそぞう》に類似した塑像をはじめとする遺物の内容が豊富なことなどから、その背景には寺の経営を支え、長期間継続してその修造にも力を注ぐことができる檀越が存在し、寺院機能を維持する組織的な力が働いていたと考えられる。

山王廃寺のあるこの地域を治めた豪族は、前方後円墳の王山古墳・総社二子山古墳や方墳の愛宕山古墳・宝塔山古墳・蛇穴山古墳といった県内最高の水準をもった総社古墳群を背景としており、山王廃寺の南方には上野国府が展開していることからも、傑出した勢力であったと考えられるのである。

このように、山王廃寺と山ノ上碑及び『上野国交替実録帳』に見える「放光寺」とは、寺名やその時期、性格において符合する点が認められることから、山王廃寺こそがこの 2 つの史料に記された「放光寺」と考えられるのである。

あとがき

大学４年間の夏休みは、前橋市教育委員会が調査主体となった山王廃寺跡発掘調査に参加した。調査内容は忘れてしまったこともたくさんあるが、本書の課題でもある、文字瓦「放光寺」の出土は鮮烈な出来事であった。

また、総社町山王地区の日枝神社裏の集会所で休憩を取り、当時営業していたフィッシングセンターで文化財保護係の担当者の指導の下、群大生と前橋工業高校・共愛学園高校の引率教諭・生徒らと一緒に合宿したものである。夕食の後、その日の調査の様子を発表し合ってまとめ、明日の調査の進め方を検討する。これを毎晩繰り返し、週末は家に帰ったが、２週間続けて没頭した。40年以上前の思い出深い日々である。

そして、卒業論文以後、山王廃寺と放光寺の問題は大きなテーマの一つになり、現在に至っている。山王廃寺の出土瓦とその性格を論証するにあたっては、当時、県史編さん室原始古代担当の故石川正之助氏と上野国分寺跡調査担当の前澤和之氏には、厳しさの中に温かみのあるご指導をいただいた。足掛け２年にわたって手を入れ続けた20cmほどに積まれた書き直し原稿を今も大切にしている。

今回、手島仁さんからお話をいただき、これまでに書き綴った数本の論考を再構成して、順を追って「山王廃寺こそが放光寺である」ということをまとめ直してみた。

市民の皆さんの山王廃寺に対するご理解の一助となれば幸いである。

〈主な参考文献〉

松田　猛　「山王廃寺の性格をめぐって」（群馬県史編さん委員会『群馬県史研究』20 号　1984 年）

松田　猛　「地方定額寺についての一考察　―『上野国交替実録帳』と古代寺院跡―」（群馬県史編さん委員会『群馬県史研究』32 号　1990 年）

松田　猛　「上毛野における古代寺院の建立　―山王廃寺創建期軒丸瓦の再検討―」（信濃史学会『信濃』43 巻 4 号　1991 年）

松田　猛　『上野三碑』みやま文庫　2017 年

尾崎喜左雄　『横穴式古墳の研究』吉川弘文館　1966 年

群馬県史編さん委員会　『群馬県史』通史編２原始古代２　1991 年

関口功一『日本古代地域編成史序説』岩田書院　2015 年

竹内理三編『平安遺文』古文書編　第一巻　東京堂出版　1974 年

東野治之『日本古代金石文の研究』岩波書店　2004 年

前沢和之「『上野国交替実録帳』についての基礎的研究」（『群馬県史研究』第 4 号　1976 年）

前沢和之　「『上野国交替実録帳』の性格について―定額寺資財帳と不与解由状―」（永島福太郎先生退職記念　『日本歴史の構造と展開』1983 年）

前橋市埋蔵文化財発掘調査団『山王廃寺』2000 年　他

松島榮治　「放光寺と山王廃寺」（松島他『古代東国の謎に挑む』　あさを社　1982 年）

右島和夫　『東国古墳時代の研究』学生社　1994 年

右島和夫　「山ノ上古墳の再検討」（『塚口義信博士古希記念　日本古代学論叢』2016 年）

mBOOKLet

松田　猛／まつだ・たけし

1956 年　前橋市元総社町生まれ
群馬県教育委員会文化財保護課や県史編さん室、埋蔵文化財調査センター などと県内の小 中学校に勤務

2017 年　高崎市立多胡小学校長で退職、第 25 回石川薫記念地域文化賞研究賞受賞

現　在　一般財団法人群馬地域文化振興会常務理事（兼事務局長）、群馬大学共同教育学部非常勤講師

著　書　『新版　群馬県の歴史』（共著）山川出版社 1997 年、『上野三碑―古代史を語る東国の石碑―』同成社 2009 年、『上野三碑』みやま文庫 2017 年、『もっと知りたい！上野三碑』 2019 年

創刊の辞

前橋に市制が敷かれたのは、明治 25 年（1892）4 月 1 日のことでした。群馬県で最初、関東地方では東京市、横浜市、水戸市に次いで四番目でした。

このように早く市制が敷かれたのも、前橋が群馬県の県庁所在地（県都）であった上に、明治以来の日本の基幹産業であった蚕糸業が発達し、我が国を代表する製糸都市であったからです。

しかし、昭和 20 年 8 月 5 日の空襲では市街地の 8 割を焼失し、壊滅的な被害を受けました。けれども、市民の努力によりいち早く復興を成し遂げ、昭和の合併と工場誘致で高度成長期には飛躍的な躍進を遂げました。そして、平成の合併では大胡町・宮城村・粕川村・富士見村が合併し、大前橋が誕生しました。

近現代史の変化の激しさは、ナショナリズム（民族主義）と戦争、インダストリアリズム（工業主義）、デモクラシー（民主主義）の進展と衝突、拮抗によるものと言われています。その波は前橋にも及び、市街地は戦禍と復興、郊外は工業団地、住宅団地などの造成や土地改良事業などで、昔からの景観や生活様式は一変したといえるでしょう。

21 世紀を生きる私たちは、前橋市の歴史をどれほど知っているでしょうか。誇れる先人、素晴らしい自然、埋もれた歴史のすべてを後世に語り継ぐため、前橋学ブックレットを創刊します。

ブックレットは研究者や専門家だけでなく、市民自らが調査・発掘した成果を発表する場とし、前橋市にふさわしい哲学を構築したいと思います。

前橋学ブックレットの編纂は、前橋の発展を図ろうとする文化運動です。地域づくりとブックレットの編纂が両輪となって、魅力ある前橋を創造していくことを願っています。

前橋市長　山本　龍

前橋学ブックレット㉒

山王廃寺は放光寺

発 行 日／2020年8月29日 初版第1刷
企　　画／前橋学ブックレット編集委員会
〒371-8601　前橋市大手町2-12-9　tel 027-898-6994
著　　者／松田　猛
発　　行／上毛新聞社デジタルビジネス局出版部
〒371-8666　前橋市古市町1-50-21　tel 027-254-9966

落丁・乱丁本は送料小社負担にてお取り換えいたします。
定価は表紙に表示してあります。

ISBN 978-4-86352-266-4

ブックデザイン／寺澤　徹（寺澤事務所・工房）

前橋学ブックレット〈既刊案内〉

❶日本製糸業の先覚 速水堅曹を語る（2015 年）
石井寛治／速水美智子／内海　孝／手島　仁　ISBN 978-4-86352-128-5

❷羽鳥重郎・羽鳥又男読本 ―台湾で敬愛される富士見出身の偉人― （2015 年）
手島　仁／井上ティナ（台湾語訳）　ISBN 978-4-86352-129-2

❸剣聖 上泉伊勢守（2015 年）
宮川　勉　ISBN 978-4-86532-138-4

❹萩原朔太郎と室生犀星 出会い百年（2016 年）
石山幸弘／萩原朔美／室生洲々子　ISBN 978-4-86352-145-2

❺福祉の灯火を掲げた 宮内文作と上毛孤児院（2016 年）
細谷啓介　ISBN 978-4-86352-146-9

❻二宮赤城神社に伝わる式三番叟（2016 年）
井野誠一　ISBN 978-4-86352-154-4

❼楫取素彦と功徳碑（2016 年）
手島　仁　ISBN 978-4-86352-156-8

❽速水堅曹と前橋製糸所 ―その「卓犖不羈」の生き方―（2016 年）
速水美智子　ISBN 978-4-86352-159-9

❾玉糸製糸の祖　小渕しち（2016 年）
古屋祥子　ISBN 978-4-86352-160-5

❿下馬将軍 酒井雅楽頭の菩提寺　龍海院（2017 年）
井野修二　ISBN 978-4-86352-177-3

⓫ふるさと前橋の刀工 ―古刀期～近現代の上州刀工概観―（2017 年）
鈴木　叡　ISBN 978-4-86352-185-8

⓬シルクサミット in 前橋 ―前橋・熊本・山鹿・宇都宮・豊橋―（2017 年）
前橋学センター編　ISBN 978-4-86352-189-6

⓭老農・船津伝次平の養蚕法（2017 年）
田中　修　ISBN 978-4-86352-193-3

⓮詩のまち　前橋（2018 年）
久保木宗一　ISBN 978-4-86352-215-2

⓯南橘地区の筆子塚からみる庶民教育（2018 年）
南橘地区歴史文化活用遺産委員編　ISBN 978-4-86352-225-1

⓰上川淵地区の伝統行事と祭り（2018 年）
上川淵地区郷土民俗資料館編　ISBN 978-4-86352-229-9

⓱富士見かるた（2018 年）
富士見地区歴史文化遺産活用委員編　ISBN 978-4-86352-230-5

⓲下川淵カルタ（2019 年）
下川淵地区歴史文化遺産活用委員編　ISBN 978-4-86352-235-0

⓳前橋の旧町名（2019 年）
町田　悟　ISBN 978-4-86352-240-4

⓴前橋市と古利根川［上巻］先史利根川と古代利根川（2019 年）
小野久米夫　ISBN 978-4-86352-241-1

㉑前橋市と古利根川［下巻］中世根川と近世利根川（2019 年）
小野久米夫　ISBN 978-4-86352-243-5

各号　定価：本体 600 円＋税